AF220879

Markus Schlaudraff

Cruz de Ferro

Steine der Hoffnung auf dem Jakobsweg

Mein ganz besonderer Dank geht an Dr. Claudia Eggert, die mir mit Rat und Tat bei der Erstellung meines Buches zur Seite stand.

Weiterhin an Susanne Schwenter-Wolff, die mich mit ihrem Buch „Eine halbe Million Schritte: I did (it) my way-zu Fuß von Porto nach Santiago de Compostela" erst dazu inspirierte dieses Buch zu schreiben.

Für meine Schwester Sandra

Bibliografische Information der Deutschen Nationalbibliothek:

Die Deutsche Nationalbibliothek verzeichnet diese Publikation in der Deutschen Nationalbibliothek; detaillierte Bibliografische Daten sind im Internet über dnb.de abrufbar.

Herstellung und Verlag: BoD-Books on Demand, Norderstedt

ISBN:9783752612547

Prolog

Es war ein lauer Spätsommerabend im Jahr 2015. Ich hatte gerade ein schönes Steak gegrillt, war mit dem Essen fertig und saß alleine mit einem Glas Wein in meinem kleinen Garten. Da kam mein guter spanischer Nachbar und setzte sich zu mir an den Tisch. Bei mir gibt es nämlich weder Gartenzäune noch Tore. Alles ist offen. Ein wenig geknickt setzte er sich zu mir. Er erzählte mir, dass es einer seiner größten Träume wäre einmal den Jakobsweg in Spanien zu gehen. Sein Sohn hatte das schon einmal gemacht. Er erzählte, dass seine Frau schwere Schäden an beiden Kniegelenken habe. Er wollte gerne mit ihr gemeinsam gehen. Für sie seien die Strapazen des Weges aber nicht zu schaffen. Ich hatte, besonders durch das Buch von Harpe Kerkeling „Ich bin dann mal weg!", immer schon einmal den Wunsch gehegt diesen Weg zu gehen. Ich sagte ihm: „O.k.! Dann gehen wir eben nächstes Jahr gemeinsam diesen Weg." Er war überrascht und erfreut. Wir unterhielten uns noch bis spät in die Nacht über alle möglichen Dinge.
Nach und nach ging diese Idee allerdings in Vergessenheit.

Ich war zu dieser Zeit schon zweimal verheiratet und auch wieder geschieden, hatte zwei prächtige Kinder, vor einiger Zeit leider meine allergrößte Liebe verloren und war nun gerade wieder im Aufbau einer neuen Beziehung. Also sehr viel emotiales Auf und Ab.
Ich hatte zwei Schwestern. Meine kleinste Schwester verstarb schon vor längerer Zeit, in einem Alter von nur 30 Jahren, an einem nicht operablem Neurofibrom im Stammhirn. Sie musste ein unglaubliches Martyrium durchmachen und wurde von einer Klinik zur anderen durchgereicht. Keiner konnte ihr helfen. Kurz zuvor war mein Vater an multiplem Organversagen, ausgelöst durch Krebs, gestorben. Auch er war in verschiedenen Kliniken, wegen Herzinfarkt, Schlaganfall und einer

Lungenkrebsoperation. Unzählige Nächte verbrachte meine Mutter dabei an den Krankenbetten der Beiden. Für die ganze Familie, insbesondere für meine Mutter war es die Hölle. Denn es ist wider die Natur, wenn ein Kind vor den Eltern stirbt.

Einige Wochen nach dem Gespräch mit meinem Nachbarn, erzählte mir meine zweite Schwester, dass bei ihr im Gehirn ein Tumor oder Abszess festgestellt wurde. Das wäre noch nicht ganz sicher. Dieser müsse aber sofort operiert werden. Ich war so verzweifelt. Ich kann es nicht beschreiben. Aber nicht nur ich. Sondern auch meine Mutter, mein Schwager und auch beide Kinder. Nicht sie auch noch, dachte ich. Sie war ein so lieber und guter Mensch. Erst der Vater, dann die kleinere Schwester und nun sie. Irgendwie setzte ich Krebserkrankung mit Todesurteil gleich. Aufgrund meiner Ausbildung wusste ich das allerdings besser. Natürlich gibt es immer wieder und immer öfter Heilung bei einer Krebserkrankung. Ich hatte aber ein sehr ungutes Gefühl.
Ich versuchte in meinem Leben immer ein Problemlöser zu sein. Doch was sollte ich hier machen? Meine Schwester war sehr gläubig. Sie hatte eine unglaubliche Stärke und großes Gottvertrauen. Das machte es der ganzen Familie leichter. Krampfhaft überlegte ich aber, was meine Aufgabe in dieser Situation sein könnte.
Ich erinnerte mich daran, dass es auf dem Jakobsweg einen besonderen Berg gibt auf dem ein eisernes Kreuz auf der Spitze eines hölzernen Pfahles auf einem Hügel aus hunderttausenden Steinen steht. Das „Cruz de Ferro". Auf diesem Berg und an diesem Kreuz legte man schon seit Jahrhunderten mit Gebeten besprochene Steine ab um damit um Gottes Hilfe zu bitten. Ich dachte mir, das sei wohl die einzige Möglichkeit meiner kleinen kranken Schwester als großer Bruder zu helfen. Als ich ihr davon erzählte, sagte sie, dass sie sich darüber freuen würde,

6

wenn ich einen Stein von ihr für sie dort ablege, falls ich diese Pilgerreise einmal machen würde.

Alles ging nun ganz schnell. Sie wurde im Gießener Uniklinikum operiert und alles verlief recht gut. Es war ein Abszess der gut entfernt werden konnte. Es war eine sehr aufwendige Operation, doch sie erholte sich relativ schnell.

Der Gedanke an die Pilgerreise und die Ablage des Steines an dem Cruz de Ferro, der höchsten Erhebung des spanischen Jakobsweges, wurde so wieder einmal von mir in den Hintergrund geschoben. Alles Mögliche andere, Arbeit, Feuerwehr, Freunde, Sport waren irgendwie immer wichtiger. Was war ich für ein Narr. Das wahre Wichtige verdrängte ich. Leider dauert es oft lange dies zu erkennen. Manchmal viele Jahre. Doch immer wieder kamen Gedanken in mir auf. War das alles bei ihr? Ist wirklich alles wieder in Ordnung? Ist es vielleicht doch möglich, dass die Steine an diesem Platz auch zukünftig etwas Gutes bei ihr bewirken? Ich haderte sehr mit mir. Ich bin zwar kein gläubiger, aber ein sehr spiritueller Mensch. Vielleicht gibt es Dinge zwischen Himmel und Erde, die wir heute noch nicht verstehen.

Dann kam die erschreckende Nachricht nur wenige Monate später. Bei meiner Schwester wurde Knochenkrebs im Endstadium festgestellt. Keine Heilung war mehr möglich. Ausgehend war ein unentdeckter Brustkrebs.

Die Verzweiflung aller Familienmitglieder und Freunde will ich hier nicht ausführen. Es war grausam. Doch meine Schwester blieb ganz ruhig. Ihr Glaube half ihr. Sie sagte sogleich, da wo ich dann hinkomme, wenn es zu Ende ist, da geht es mir gut. Diese Stärke empfand ich als unglaublich.

Ich konnte das jedoch nicht so leicht wegstecken. Was konnte ich nur tun?

Spontan viel mir ein: Gehe nun endlich auf den Jakobsweg und lege einen Stein für deine Schwester ab. Wenn du das jetzt nicht machst und wieder andere Dinge vorschiebst, dann sind lebenslange eigene Vorwürfe vorprogrammiert. Das habe ich schon mit meinem Vater und meinem Großvater erlebt. Wir hatten uns noch so viel zu sagen. Auch bis zum Tod von den Beiden schob ich immer wieder angeblich wichtige Dinge vor. Aber irgendwann war es zu spät. Dann war weder gemeinsame Zeit noch ein Gespräch mehr möglich. Das wollte ich nie mehr so machen.

Obwohl ich früher ein sehr guter Leichtathlet war und extrem viel trainierte, so desolat war mein momentaner Zustand. Sehr starkes Übergewicht und null Kondition. Ich befasste mich intensiv mit Ausrüstung, Erfahrungsberichten und den Abläufen für den Jakobsweg. Kurzfristig Urlaub zu bekommen war aufgrund meiner guten Chefin und meiner Kollegen gar kein Problem. Das Wichtigste, gute Wanderschuhe hatte ich schon. Ich bestellte mir einen passenden Rucksack und einen etwas größeren Schlafsack im Internet. Den Pilgerausweis, ohne den ist eine Übernachtung in einer Pilgerherberge nicht möglich und eine Jakobsmuschel am Band bestellte ich bei einer deutschen Jakobsweg Gemeinschaft. Diese Muschel zeichnet den Wanderer als Pilger aus und wird außen am Rucksack getragen.

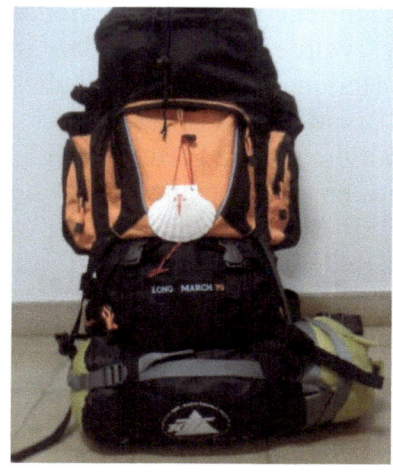

Früher diente sie auch als Trinkgefäß. Doch im Zeitalter von Hightech Trekking Materialien hat das an Bedeutung verloren. Ich buchte nun den nächsten passenden Flug nach Santiago de Compostela. Bis zum Abflug waren noch rund zwei Wochen Zeit. Jeden Abend trainierte ich, indem ich einen Sechserpack 1,5 Liter Flaschen Mineralwasser in meinen

8

Rucksack lud und einige Kilometer mit den Wanderstöcken um meine Heimatstadt lief.

Mein Pilgerpass und die Jakobsmuschel kamen inklusive vielfältigem Infomaterial schnell per Post. Ich las alles an Infos über der Jakobsweg was ich nur bekommen konnte.

Da ich nicht den gesamten Jakobsweg, den sogenannten Camino Francés laufen konnte, dafür reichte einfach meine Zeit nicht, berechnete ich die Strecke so, dass ich genau am 02.06.16 gegen 12:00 Uhr, auf meinem Geburtstag und an dem Tag an dem bei meiner Schwester eine große Brust OP anstand, die Steine ablegen konnte. Denn mittlerweile war es nicht nur ein Stein, sondern es waren viele Steine. Mein Plan hatte sich herumgesprochen. Aus meinem Verwandten- und Freundeskreis kamen einige Steine zusammen die ich mitnehmen sollte. Aber auch von Kollegen, die eigene Sorgen oder unerledigte Dinge mit ihren Verstorbenen hatten. Sie baten mich für sie die Steine abzulegen um dadurch eine Brücke zu bauen oder eine Nachricht zu hinterlassen. So kam ein Beutel mit rund 1,5 kg Steinen zusammen.

Bei den Gedanken an diese schöne Geste von jedem Einzelnen stehen mir noch heute die Nackenhaare hoch.

Das Ganze entwickelte sich zu einer unglaublichen Reise mit unzähligen kleinen Wundern.

30.05. 2016

Start meiner Reise.

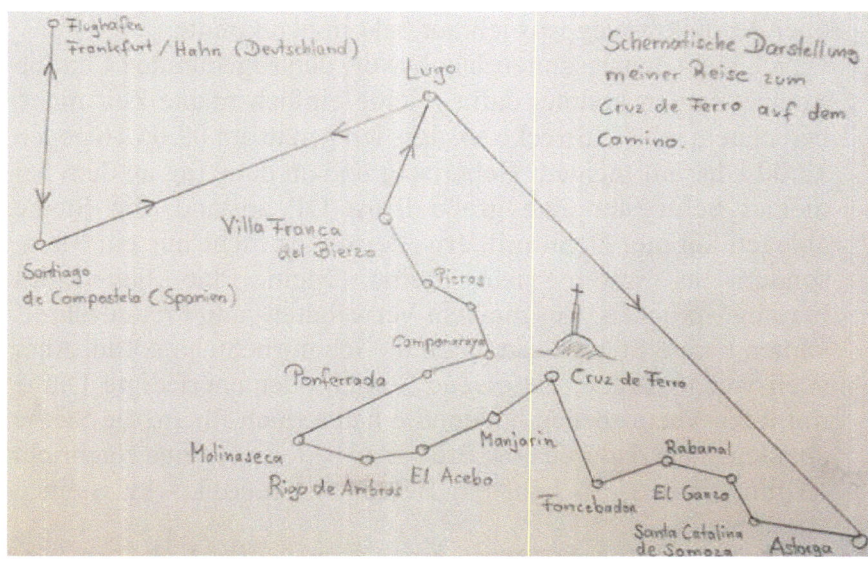

Mein Plan war vom Flughafen Hahn im Hunsrück direkt nach Santiago de Compostela zu fliegen. Vor dort aus mit dem Schnellbus entgegen dem Jakobsweg nach Astorga. Dann wieder, nach Ablage der Steine, Richtung Westen über Ponferrada und Villafranca del Bierzo nach Santiago. Je nachdem wie ich zeitlich zurechtkommen würde.

Das Einchecken klappte sehr gut. Das Flughafenpersonal war sehr freundlich und ich hatte den Eindruck, alle anderen Mitreisenden waren auch Pilger. Doch war ich auch ein Pilger? Ich fühlte mich eher wie jemand der lediglich eine Aufgabe zu erledigen hatte. Steine abgeben und fertig. Und wenn es der liebe Gott will, dann wird es meiner Schwester besser gehen. Doch so einfach sollte es nicht sein.

10

Für mich war klar, dass ich Gott und Teufel nicht betrügen konnte. So kam für mich nur das „echte" Pilgern in Frage. Das bedeutete, alles zu Fuß gehen, niemals das Gepäck abgeben und vom Taxi fahren lassen und niemals eine Herberge voraus zu buchen. Ich hatte alles dabei um auch im Feld oder im Wald zu schlafen. Alle die das nicht so wie ich machten waren für mich keine echten Pilger. So wog auch mein Rucksack gut 15 kg. Normalerweise viel zu viel. Und da waren noch keine Wasservorräte dabei. Doch der Camino, so nennen die Spanier den Jakobsweg, macht einiges mit einem. So wurde auch meine Meinung über die von mir so geringschätzig genannten „Luxuspilger" revidiert.

Der Flug war relativ unspektakulär, obwohl ich die unglaubliche Stärke eines Flugzeuges gerade beim Start sehr genieße. Ich musste mich in meiner Ausbildung auch intensiv mit Thermo- und Aerodynamik sowie Strömungstechnik befassen. Für mich ist es aber immer wieder ein kleines Wunder, dass das mit dem Fliegen, gerade mit einem so schweren Flugzeug, so einwandfrei funktioniert.

Im Flughafen von Santiago lernte ich ein Lehrerehepaar kennen. Sie erklärten mir, dass sie schon jahrelang den Camino gehen würden. Das wäre so schön hier und so billig. Das machte mich doch etwas nachdenklich. Ich war aber für jede Information dankbar. Ich erklärte ihnen was ich vor hatte und auch den Zweck meiner Reise. Mein Ziel war möglichst heute noch vom Schnellbusbahnhof aus Richtung Astorga zu reisen. Sie sagten mir mit voller Überzeugung, dass das überhaupt kein Problem sei. Ich solle am Busbahnhof, eine Haltestelle vor der Innenstadt, aussteigen und könne dann direkt nach Astorga weiterfahren. Ich war begeistert, denn ich war etwas in Zeitnot. 02.06.16 12:00 Uhr war mein Termin. Ich stieg als einziger am riesigen Busbahnhof aus und fand diesen völlig verlassen vor. Er befand sich am Stadtrand. Es war eine düstere riesige Halle. Kein Mensch war zu sehen. Ich sah mir die Busfahrpläne an und stellte fest, dass der letzte Bus bereits vor über zwei Stunden Richtung Astorga gestartet war. Da war ich fast noch in Deutschland. Da hatte ich schlecht recherchiert und mich zu sehr auf die Auskunft des überaus „kompetenten" Lehrerehepaares verlassen. Wie dumm von mir.

Nun war guter Rat teuer. Ich umlief großräumig den Busbahnhof, doch weder eine Herberge noch ein Hotel war in der Nähe. Mittlerweile war es stockdunkel und überall liefen streunende Hunde umher. Das fing ja gut an. Sollte ich die erste Nacht schon wie ein Penner auf einer Bahnhofsbank verbringen müssen?

Doch schon nahte das erste kleine Wunder. Direkt neben dem Busbahnhof befand sich die Berufsfeuerwehrwache von Santiago de Compostela. Die Feuerwehrmänner brachten gerade ihre Fahrzeuge nach einem Einsatz wieder in Ordnung.

Ich bin selbst seit rund 40 Jahren bei der Feuerwehr und hatte die Hoffnung dort Hilfe für diese Nacht zu finden. Leider geht mein Spanisch gegen Null. Ich begrüßte die Feuerwehrleute mit einem der wenigen spanischen Sätze die ich kannte: „Hola, que tal!" Leider sprachen die Feuerwehrleute weder englisch noch deutsch. Die Feuerwehrmänner bemühten sich sehr und schafften dann ihren Kommandanten heran. Er konnte ein wenig Englisch und Deutsch. Mit Händen und Füßen und unter Einbeziehung aller möglichen Körpersprachen konnte ich ihm erklären wer ich bin und was ich vorhatte. Als ich ihm erklärte, woher ich komme und was mein größter und schlimmster Feuerwehreinsatz war, konnte er sich sogar daran erinnern. Es ging um die Tankzugkatastrophe mit vielen Toten und Verletzten am 7. Juli 1987 in Herborn. Das hat meinen Heimatort in der ganzen Welt auf traurige Art und Weise berühmt gemacht. Schnell waren wir alle die besten Kameraden nachdem der Feuerwehrchef meine Rede übersetzt hatte. Danach zeigte er mir die ganze Feuerwache mit den Fahrzeugen.

Im Anschluss gab er ein paar Befehle auf Spanisch die ich nicht verstand und ein Feuerwehrmann kam mit einem Geländewagen herangefahren. Wir verabschiedeten uns herzlich und fuhren dann nur wenige Meter. Wir stiegen wieder am Busbahnhof aus. Der Feuerwehrmann sprach ständig mit mir, doch ich verstand kein Wort. Ich wünschte mir so sehr ein wenig spanisch zu können. Doch außer Hallo zu sagen und ein Bier zu bestellen reichte es bei mir nicht.

Er führte mich zu einem Fahrkartenautomaten. Hier konnte ich schon für morgen die Fahrkarte nach Astorga mit Sitzplatznummer bestellen. Er zeigte mir auch einen Knopf, der mich als Pilger auswies und die Fahrt somit um rund 20% billiger machte.

Dann ging die Fahrt kreuz und quer durch die schmalen Gassen der Altstadt von Santiago. Immer wieder stieg er an Herbergen aus und fragte nach freien Schlafplätzen. Doch vergebens. Alles war belegt. Er nahm das Funkgerät und sprach mit seiner Feuerwehrleitstelle. Was gesprochen wurde konnte ich nicht verstehen. Er wechselte die Richtung und kam zu einem großen alten Kloster was etwas außerhalb lag. Er stieg mit mir aus und wir gingen an die Rezeption der Herberge. Da unterhielt er sich eine Zeit mit einem jungen Mann, verabschiedete sich von mir und fuhr wieder weg. Ich gab dem freundlichen Spanier an der Rezeption meinen Pilgerausweis und bekam mein erstes Einzelzimmer in einer riesigen alten Herberge die früher mal ein Priesterseminar und Kloster war. Es war die Alberge Seminario Menor. Hier bekam ich nun auch meinen ersten Stempel in meinen Pilgerausweis. Den Credencial del Peregrino.

Er gab mir Einwegbettzeug aus Papier. Das hatte ich noch nie erlebt. Auf jeden Fall war es sehr hygienisch. Als ich gerade losgehen wollte fragte mich der Spanier auf Englisch welche Besonderheit ich wäre. Ich war etwas verwundert und sagte achselzuckend, dass ich keine Besonderheit wäre. Er erklärte mir dann, dass morgen früh um Punkt 7:00 Uhr ein Feuerwehrauto kommen würde um mich zum Busbahnhof zu fahren, damit ich meinen Bus nach Astorga bekommen würde.

Ich war total verblüfft. Von diesen Abmachungen hatte ich nichts mitbekommen. Weiterhin sagte er, dass das hier in Santiago eine Berufsfeuerwehr wäre und die solche Fahrten normalerweise nicht machen würden. Ich stellte mir vor, wenn ein spanischer Rucksacktourist vor einer deutschen Feuerwache steht, ob er dort mit der gleichen Freundlichkeit und Hilfsbereitschaft empfangen worden wäre. Ich empfand das als ein kleines Wunder.

Das Zimmer war sehr spartanisch eingerichtet aber sauber. Es war sehr klein. Ein Bett, ein sehr kleiner Schreibtisch und ein Waschbecken mit kaltem Wasser. Dusche und Toilette auf dem Gang. Das Ganze aber für nur 10 €.

Ich bezog mein Bettzeug mit der Papierbettwäsche und schlief schnell ein. Das Knistern der Papierbettwäsche war sehr gewöhnungsbedürftig. Anfangs war ich noch sehr sauer über das Lehrerehepaar die mir sehr selbstsicher sagten, dass ich problemlos weiterreisen könne, doch nun war ich zufrieden. Ohne das Ehepaar hätte ich weder die Feuerwehrleute noch diese beeindruckende Herberge gefunden. Ich hatte schon so viel an meinem ersten Tag erlebt und war gespannt wie es weiter gehen sollte.

31.05.2016

Ich wurde sehr früh wach. Das Schlafen in der Papierbettwäsche hat mich doch immer wieder wachgehalten. Frühstücken brauchte ich noch nicht. Dafür war es zu früh. Es gab auch nichts. Für die Spanier hat das Frühstück, sowie das Mittagessen nur eine sehr untergeordnete Bedeutung. Vielleicht ein Stück Weißbrot mit Marmelade und einen Kaffee. Mittags ein belegtes Weißbrot, die Spanier nennen es „Bocadillo" mit Käse oder Serano Schinken. Aber dann abends, da wird alles aufgetischt was die spanische Küche zu bieten hat. Ich hatte nun noch ein

paar Minuten Zeit mir das riesige Gebäude von innen und außen anzusehen. Es war wirklich prächtig und ich war mir sicher, dass ich hier noch einmal herkommen würde.

Schon kurz vor sieben stand der gleiche Feuerwehrmann vom Vorabend mit seinem Geländewagen vor der Herberge. Wir begrüßten uns herzlich und machten ein paar gemeinsame Fotos.

Anschließend ging es quer durch Santiago zum Fernbusbahnhof. Diese Fernbusse werden von den Spaniern sehr häufig genutzt. Auch für Langstrecken. Ein so gut ausgebautes Schienennetz wie beispielsweise in Deutschland gibt es hier nicht.

Ich verabschiedete mich und fand schnell den richtigen Bus. Mein Rucksack verschwand im Laderaum des Busses. Ich machte es mir bequem, denn es lagen rund 300 km Busfahrt vor mir.

Schon sehr früh am Morgen war es warm. Nachdem wir eine Zeit gefahren waren veränderte sich die Landschaft. Sie wurde wilder und uriger. Immer öfter waren Felsen zu sehen. Ich sog alle Eindrücke wie ein trockener Schwamm in mir auf. Ich fühlte mich rundum wohl, fast schon euphorisch. Was für ein Abenteuer erwartete mich? Aufgrund der kurzen und unruhigen Nacht schlief ich irgendwann ein. Der Bus hielt in vielen Städten und kleinen Ortschaften. Nach einer weiteren Zeit war das

Zwischenziel Ponferrada erreicht. Hier hatten wir knapp eine Stunde Aufenthalt und Fahrerwechsel. Es war jetzt kurz vor Mittag. Nach meiner Planung musste ich auf meiner Wanderung und dem Rückweg an dieser Stadt vorbeikommen. In einer kleinen Bar holte ich mir ein Bocadillo mit Serano Schinken und ein eiskaltes Bier. Dazu gab es wie ab heute täglich spanische Oliven. Nach dem leckeren Mahl sah ich mir die Gegend um den Busbahnhof an. Es war Mittag und sehr heiß. Ich musste südöstlich weiterfahren. Doch als ich an den Horizont in diese Richtung sah erschrak ich etwas. Dort erhob sich ein riesiges Felsmassiv. Und die Berggipfel waren schneebedeckt. Ich wusste durch meine Vorbereitungen, dass der Weg den ich gehen wollte und der an dem Cruz de Ferro vorbeiführt, wo ich die Steine ablegen wollte, der steilste und beschwerlichste Teil des spanischen Jakobsweges ist. Das Kreuz stand auf einer Höhe von knapp 1600 Metern. Sollte das mein Weg sein? Über die schneebedeckten Berge? Mir wurde etwas mulmig.

Der neue Busfahrer rief alle zusammen und weiter ging die Fahrt Richtung Astorga.

Die Fahrt dauerte nicht mehr so lange. Mitten in der Stadt ließ mich der Fahrer aus dem Bus. Ich schnallte meinen schweren Rucksack auf und versuchte mich erst einmal zu orientieren. Leider reichte meine Zeit nicht mir die Stadt Astorga näher anzusehen. Schnell erkannte ich das erste Zeichen des Jakobsweges, dass mich die nächsten Tage begleiten sollte.

Eine gelbe Jakobsmuschel die in Richtung Santiago de Compostela zeigte. Manchmal war es auch nur ein gelber Pfeil. Hier begann nun meine Pilgerreise.

Ich kam an der großen Kathedrale von Astorga vorbei, die mich sofort an die wunderbare „La Sagrada Familia" von Antonio Gaudi in Barcelona erinnerte. Ich machte schnell ein paar Fotos und holte mir einen wunderschönen Stempel in meinen Pilgerpass. Dort erfuhr ich, dass in der Tat auch diese Kathedrale von Antonio Gaudi entworfen wurde. Das war ein Genie.

Hier hörte ich mein erstes „Buen Camino!" Es ist üblich sich hier auf dem Weg so zu grüßen. „Ich wünsche dir einen guten Jakobsweg." Eine wunderschöne Geste die alle Menschen aus den unterschiedlichsten Ländern verband.

Leider war die Kirche nicht geöffnet und mir fehlte eh die Zeit mich hier länger aufzuhalten.

Ich ging den Wegweisern nach. Als ich an einem kleinen Supermarkt vorbei kam spürte ich ein kleines Hunger-, aber ein noch viel größeres Durstgefühl. An diesem kleinen Supermarkt sah man, dass in anderen Ländern sehr viel mehr Wert auf Lebensmittel gelegt wird als in Deutschland. Ich meine dabei nicht die lebensmittelrechtlichen Voraussetzungen. Da ist Deutschland sicherlich das führende Land auf der Welt. Ich meine hier die Wertigkeit. Da hingen in diesem kleinen Supermarkt sicher 20 verschiedene luftgetrocknete Schinken in allen Preiskategorien. Das Gleiche galt für Rohwürste und Käse. Teilweise sehr hochpreisig. Hier geben die Leute eben für einen guten Schinken und einem Glas Wein mit Freunden mehr und schneller Geld aus, als den Gartenzaun zu streichen, oder den Rasen auf drei Millimeter zu halten. Eine ganz wunderbare Lebensphilosophie. Leider musste ich erkennen, dass Mineralwasser mit Kohlensäure, was ich am liebsten trinke, in Spanien eher nicht bekannt und fast schon unbeliebt ist. Für Touristen wird hier und da mal eine Sorte angeboten. Mineralwasser ohne Kohlensäure hatten sie sicher zehn verschiedene Sorten vorrätig. So nahm ich mir zwei Flaschen Wasser, ein Stück Weißbrot, ein paar spanische Oliven und eine Portion Serano Schinken, sowie eine Flasche trockenen Rioja Wein mit. Sicherheitshalber, ich wusste ja nicht was mich die kommende Nacht erwartet. Eine Notration Studentenfutter hatte ich immer bei einer Wanderung dabei.

Durch die rund vier Kilogramm Lebensmittel und Getränke

wurde mein Rucksack natürlich nicht leichter. Es fiel mir sehr schwer den Weg aufzunehmen und ich schwitzte wie ein Elch. Schnell ging es aus der Stadt hinaus. Mir fiel auf, dass an zahlreichen Haustüren Flaschen in verschiedenen Größen, gefüllt mit Wasser standen. Zunächst konnte ich mir keinen Reim darauf machen. Später erfuhr ich, dass dies eine liebe Geste der spanischen Hausbewohner war, um dem durstigen Pilger Wasser mit auf seine Reise zu geben. Nicht jeder Pilger hatte das Geld in einem Supermarkt einzukaufen oder in einer Taverne zu zechen. Das sollte ich später noch erfahren. Immer wieder wurde ich von Pilgern überholt, die mir ein freundliches „Buen Camino" zuriefen. Entweder war ich sehr langsam oder sie waren sehr flott. Ich erkannte schnell, ich war sehr langsam. Zum Glück hatte ich meine Wanderstöcke dabei. Die bringen einen leichten Vortrieb und ohne die hätte ich meine Tour nie geschafft. Ich versuchte schneller zu laufen, doch ich gab es nach kurzer Zeit auf. Die Hitze war unerträglich und es gab keinen Schatten. Bezüglich des Wandertempos musste ich auf dem Weg noch so einige Erfahrungen machen. Aber dazu später.

Nach ca. zwei Kilometer außerhalb der Stadt Astorga kam ich an einer kleinen unscheinbaren Kirche vorbei. Dort stand ein sehr alter Mann mit einem Stempel in der Hand, der für eine kleine Spende seinen wirklich schönen Stempel in meinem Pilgerpass verewigte.

Ich kam nun an einem Steinwegweiser vorbei. Das waren die Etappen meiner nächsten Tage.

Obwohl es schon zum späten Nachmittag hinging hatte ich den Eindruck, dass es immer heißer wurde. Der Schweiß lief mir am Rücken runter. Auch wurde der Rucksack gespürt immer schwerer. Und ich war noch gar nicht weit gegangen. Was sollte das noch geben?

Der schwierigste Teil der Strecke stand mir noch bevor. Es gab keinen einzigen Baum der Schatten spendete. Die trockene rote Erde links und rechts des Weges war aufgerissen. Mein Mund klebte. Es war auch jeder Grashalm vertrocknet. Der Pilgerweg ging gradlinig voraus und das kilometerlang und immer leicht bergauf. Es kam auch kein nennenswerter Baum und Strauch weit und breit.

Während des Laufes kamen mir die Orienterzählungen von Karl May in den Sinn. Als Jugendlicher habe ich diese Bücher regelrecht verschlungen. Nun waren sie präsent. So mussten sich Kara Ben Nemsi und Hadschi Halef Omar gefühlt haben als sie durch die Wüste ritten. Von Astorga bis zu meinem Ziel, dem Cruz de Ferro, geht es leider nur bergauf. Schritt um Schritt ging ich weiter und spürte nicht, dass sich der Horizont auch nur ein bisschen nähert. Ich dachte, ich liefe auf der Stelle. Weder eine

Stadt noch ein Dorf war erkennbar. In der Ferne entdeckte ich einen einsamen Strauch. Da musste ich hin, um einen Moment auszuruhen. Doch als ich näher kam erkannte ich, dass drei junge Pilgerinnen schon die gleiche Idee hatten. Der Platz reichte gerade so für die drei. Der nächste Ort war sicher noch drei Kilometer entfernt und auf der Strecke gab es bestimmt keinen Schatten. So nahm ich allen Mut zusammen und fragte auf Englisch, ob sie noch ein wenig Platz für mich hätten. Ich erwartete Protest, denn was will schon ein so alter Kerl wie ich zwischen den jungen Mädels. Doch wider Erwarten luden sie mich auch auf Englisch ein mich zwischen sie zu setzen. Ich setzte meinen Rucksack ab, der mir vorkam als würde er hundert Kilo wiegen und griff zur Trinkflasche.

Wir stellten uns einander vor und anschließend ging die Konversation in Deutsch weiter. Es waren nämlich drei Krankenschwestern aus einer Dortmunder Klinik die gemeinsam den Camino pilgerten. Sie bemerkten schnell, dass ich schon sehr angeschlagen war. Doch die Ruhe tat gut und ich erholte mich schnell. Ich erzählte den Dreien, dass meine Schwester Krebs hätte und ich auf dem Weg zum Cruz de Ferro wäre um dort verschiedene besprochene Steine für sie abzulegen. Ich erzählte ihnen auch von dem starken Glauben meiner Schwester. Alle waren so gerührt, dass sie anfingen zu weinen. Im Anschluss unterhielten wir uns noch über unsere Ausrüstung. Sie waren der Meinung, dass mein Rucksack viel zu schwer wäre. Da hatten sie recht, doch bei mir ist eben auch alles dreimal so groß wie bei ihnen. Eine sagte dann, wo ich meine Notfallsignalpfeife hätte. Da fiel es mir auch auf. Ich hatte so genau darauf geachtet alles an Ausrüstung dabei zu haben. Doch die Pfeife hatte ich vergessen. Sie macht schon bei sehr wenig verfügbarer Luft einen sehr lauten Ton. Damit kann man sich bemerkbar machen, wenn man zu schwach zum Hilfe rufen ist. Wir unterhielten uns noch ein wenig und sie sagten mir während sie ihre Sachen packten, dass sie für meine Schwester beim heiligen Jakobus in Santiago beten wollen. Wir tauschten noch E-Mailadressen aus und dann brachen sie auf. Ich blieb noch einen Moment liegen und blickte ihnen nach. Sie hatten für meine Verhältnisse ein Riesentempo drauf. Sie waren topfit. Kurze Zeit später machte ich mich auch auf den staubigen Weg. Da waren die drei Pilgerinnen schon fast nicht mehr zu erkennen. Drei tolle Menschen, eine wunderbare Begegnung.

Nach einer Zeit und ein paar Kilometern, meine Gedanken waren schon längst wieder bei allen möglichen anderen Dingen, da sah ich eine Pilgerin schnellen Schrittes auf mich zu kommen. Das ist selten, da nur wenige Pilger den Camino auch zurücklaufen, sondern eher zurück nach Hause fliegen. Als sie näher kam erkannte ich, dass es eine der Krankenschwestern war. Ich fragte, ob etwas passiert sei, oder ob sie etwas verloren habe. Darauf antwortete sie, dass sie bereits im übernächsten Dorf waren und den Dreien meine Geschichte nicht aus dem Kopf ging und sie davon so sehr berührt waren. Sie machte ihre Hand auf und darin lag ihre Notfallsignalpfeife. Diese sollte als Andenken für mich sein. Und da ich alleine wandern würde wäre sie für mich wichtiger. Ich war von dieser Geste völlig überwältigt und erst einmal sprachlos. Der monetäre Wert der Pfeife ist nicht so hoch, aber auf diesem heißen Weg umzukehren, mehrere Kilometer zu laufen um einen fremden Pilger dieses Geschenk zu machen überwältigte mich und ich musste mit den Tränen kämpfen. Doch ich weinte nicht. Ich bedankte mich vielmals und wir umarmten uns lange. Dann verabschiedete sie sich von mir und entfernte sich schnell. Ich habe die Drei nie wiedergesehen. In meinem Herzen werden sie immer präsent sein. Die Pfeife hängt noch heute an meinem Rucksack.

Es war nun schon später Nachmittag und ich erreichte das nächste Dorf. Dort sah ich direkt am Ortseingang ein Schild. "Albergue 5€". So bezeichnen die Spanier die Herbergen. Da wollte ich hin. Ich konnte es kaum erwarten eine erfrischende Dusche und ein kaltes Bier zu bekommen. Leider erklärte mir der Herbergsvater mit Händen und Füßen, dass er „completto" sei, also ausgebucht. Er hätte lediglich noch ein Einzelzimmer was aber 15€ kosten würde. Ich war begeistert. Für deutsche Verhältnisse war das sehr günstig und obwohl ich mir vorgenommen hatte nur in Sammelunterkünfte zu gehen, nahm ich das Angebot sofort an. Das Zimmer war geschmackvoll eingerichtet. Die Herberge hatte einen schönen Innenhof mit vielen Palmen und Kletterpflanzen. Ich bestellte ein leckeres Pilgermenü. Das Essen war sehr gut. Diese Pilgermenüs waren ausgesprochen günstig, meist unter 10€ und beinhalteten immer eine Vorspeise, wie Suppe oder Salat, ein Hauptgericht mit Fleisch, Fisch oder etwas Vegetarisches und eine Nachspeise. Dazu bekommt man immer eine halbe oder ganze Flasche Rotwein pro Person dazu. Damit lässt es sich pilgern, dachte ich. Ich war froh, diese wunderschöne Unterkunft gefunden zu haben. Ich sah mir bei untergehender Sonne noch das schöne kleine Dorf mit seiner alten Kirche an und machte viele Fotos.

Zurück in meinem Zimmer las ich noch in meinem Pilgerführer. Dort wurde unbedingt von dieser Herberge abgeraten. Die Herberge wäre unsauber, der Herbergsvater unfreundlich und das Essen wäre scheußlich. Alles das stimmte nicht, ganz im Gegenteil. Man kann sich auf solche Bewertungen leider nur teilweise verlassen. Hier waren sie komplett falsch.

Erschöpft aber zufrieden schlief ich mit vielen Gedanken an den morgigen Tag ein.

01.Juni 2016

Das Frühstück war wie erwartet sehr gewöhnungsbedürftig für mich. Ein sehr starker und bitterer Kaffee, ein kleiner Keks und ein Toast mit sehr süßer Marmelade. Der dazu gereichte frisch gepresste Orangensaft war jedoch lecker.
Danach machte ich mich auf den sehr gut gekennzeichneten Pilgerweg. Es waren schon viele Leute unterwegs und von überall erklang das „Buen Camino!". Hier fiel mir das erste Mal eine junge Frau auf, die nicht nur einen riesigen Rucksack aufhatte, sondern auch einen Kinderwagen mit ihrem Baby

schob. Diese Frau traf ich noch mehrmals auf meiner Reise.
Die wunderschöne Landschaft wechselte immer mehr. Die Pflanzen waren kürzer und alpiner. Es wurde hügeliger und steiler. Die Sonne brannte unbarmherzig vom Himmel. An eine Rast war nicht zu denken, denn es gab nirgends Schatten. Nach ein paar Kilometern kam ich gegen Mittag an einer kleinen Ansammlung von Häusern vorbei. Es gab auch zwei schöne kleine Tavernen. Ich ging in eine hinein. Dort standen im Schatten einige Biertische.

An einem Tisch saßen zwei kleine zierliche Asiatinnen die sich sehr angeregt in einer mir unbekannten Sprache unterhielten. Jede hatte einen riesigen Bierkrug vor sich stehen, den sie kaum anheben konnten und mit zwei Händen hielten. Vielleicht wirkte der Krug aber nur so groß, weil die beiden so zierlich waren. Sie hatten sicher nicht mehr als 40 kg auf den Rippen. Beide leerten gerade ihren 0,5 l Krug und bestellten gleich einen neuen. Ich setzte mich an einen Tisch neben den beiden und sie erzählten in Englisch, dass sie aus Südkorea kämen. Als ich erzählte, dass ich aus Deutschland kommen würde, hoben sie die Krüge zum Prosten an und sagten lachend, dass das spanische Bier sehr lecker sei, aber das deutsche Bier noch viel besser wäre. Und in Deutschland würde es noch größere Krüge geben. Sie meinten damit wohl die bayrische Maß. Es dauerte nicht lange und jede hatte ihren zweiten Krug geleert. Mir war es unbegreiflich wie in einen so kleinen Körper so schnell und so viel Flüssigkeit passte. Sie packten ihre großen Rucksäcke auf, verabschiedeten sich und gingen in Schlangenlinien, freudig singend, wieder auf den Weg.

Nach kurzer Zeit kam ein großgewachsener, recht gutaussehender und sehr durchtrainierter Pilger in die Taverne. Er holte zwei Bierkrüge an der Theke, reichte mir einen und setzte sich zu mir. Er zog seinen Rucksack ab und stellte sich mir vor. Er war ein Deutscher. Hier erlebte ich das zweite Mal in kürzester Zeit, welch unterschiedliche Leute auf dem Camino unterwegs waren. Täglich kamen neue Menschen hinzu mit ganz außergewöhnlichen Schicksalen. Es war ein unbeschreibliches Abenteuer.

Ich erzählte ihm meine Geschichte und er war sehr beeindruckt. Von diesem Berg und dem Kreuz, wo man besprochene Steine ablegen kann, hatte er noch nichts gehört. Ich sagte ihm, dass es noch nicht zu spät sei. Wenn er die nächsten Kilometer einen schönen Stein finden würde, dann solle er ihn einstecken und mit einem kleinen Gebet am Cruz de Ferro, dem Eisernen Kreuz, ablegen.

Nun erzählte er seine Geschichte und die war sehr spannend.

Er war leitender Entwicklungsingenieur bei einer Firma, die in der Öffentlichkeit später dafür bekannt wurde eine sogenannte „Schummel Software" für die Autoindustrie entwickelt zu haben um Abgaswerte an Fahrzeugen zu manipulieren. Ursprünglich ging es aber nicht darum zu manipulieren, sondern zu standardisieren. Doch gerade die Entwicklungsingenieure, die mit dem Marketing kaum was zu tun haben waren letztendlich die Bösen. Schwere psychische Probleme bis hin zum Burnout waren die Folge für ihn. Wenn man wie er ganz oben in der Firma arbeitet hat jede Führungskraft seinen eigenen Personaltrainer. Mit dessen Hilfe ging das auch eine Zeitlang gut. Trotz Rehabilitationsmaßnahmen, vielen psychologischen Gesprächen und intensivem Sportprogramm verschlechterte sich sein Zustand immer mehr. Eines Tages kam der nun auch mittlerweile etwas ratlose Trainer mit der Idee, dass er ihm nun anordnen würde, dass er den Jakobsweg laufen solle, um sich wieder zu erden. Den Sinn erkannte mein Gegenüber zwar nicht, doch er war ein guter Läufer. Die gut 800 km hätte er spielend gelaufen und somit seine Aufgabe gelöst. So dachte er sich. Doch der Camino hatte anderes mit ihm vor.

Ich überlegte, dass ich wohl nur rund 150km in der mir zur Verfügung stehenden Zeit laufen würde. Aber wer den Jakobsweg geht der verändert sich. Auch wenn es nur ein Stück ist. Das habe ich auf meiner Reise immer wieder erfahren.

Der Ingenieur erzählte nun weiter, wie er den Camino bis jetzt empfunden habe. Zunächst hatte er alles generalstabsmäßig geplant. Jede Unterkunft war speziell ausgearbeitet und gebucht. Immer sollten es die besten Häuser am Platz sein. Geld spielte bei ihm keine Rolle. Das Gepäck sollte mit dem Taxi befördert werden um ein schnelles Vorankommen zu sichern. Handy und Laptop waren seine wichtigsten Utensilien. Und die

Visitenkarten, die waren auch wichtig. Man konnte ja nie wissen, wen man trifft und wer einem zurück in Deutschland geschäftlich nützlich sein kann. So hetzte er am ersten Tag schon los um viele Kilometer zu machen. In den Pausen und im Hotel kam er mit vielen Leuten ins Gespräch. Er konnte perfekt Englisch sprechen. Nur diejenigen, die wie er in gehobener Position waren, interessierten ihn. Schnell merkte er aber, dass ihn nicht der Mensch, sondern nur die Position interessierte. Er erfuhr die vielen schlimmen Schicksale einiger Pilger und überdachte dabei sein Leben ständig neu. In diesen Momenten wurden seine Schritte immer langsamer und bedächtiger. Immer wieder fielen ihm die Worte seines Personaltrainers ein. Er solle die Gegenwart, den unwiederbringlichen Moment genießen. Die Vergangenheit wäre nicht änderbar und bei zu viel Blick in die Zukunft würde der augenblickliche Moment blockiert. Er interessierte sich von nun an immer mehr auch für die einfachen Menschen und genoss die Ehrlichkeit von Leuten die nicht ständig eine vorgegebene Rolle spielen mussten. Diejenigen die einfach sein konnten die sie waren. Irgendwann warf er alle Visitenkarten weg, seine und die bis dahin gesammelten. Auch sein Laptop sendete er zurück nach Deutschland. Seiner Familie berichtete er, dass es ihm immer besser ginge, dass seine Reise jedoch länger dauern würde. Er hatte es sich angewöhnt möglichst häufig ein Stück des Weges mit einem anderen Pilger gemeinsam zu gehen. Das hatte er sich von anderen abgeguckt und es würde ihm so guttun. Er fragte mich, ob wir auch gemeinsam ein Stück laufen wollten. Die Anfrage freute mich zwar sehr, ich gab ihm aber zu bedenken, dass ich extrem langsam laufen würde. Er entgegnete, dass auf dem Camino jeder sein eigenes Tempo geht und das wäre auch gut so. Die Hälfte des Camino hatte er bereits geschafft und sich ganz extrem zum Guten entwickelt. Er war glücklich und hatte eine unglaublich positive Ausstrahlung. Er glich sich zwei bis drei Kilometer meinem Tempo an, wir erzählten uns noch viel, dann aber verabschiedete er sich von mir. Seine Worte, besonders der Genuss des „unwiederbringlichen Momentes" beschäftigte mich noch einige Zeit. Der Camino verändert die Menschen.

Meine nächste Nacht hatte ich in Rabanal geplant. Da heute der 01.Juni 2016 war musste ich morgen gegen Mittag die Steine ablegen.

Der Weg wurde immer steiler und somit für mich anstrengender. Der Pfad wurde schmaler, aber immer interessanter. Immer öfter hielt ich an um Fotos zu machen. Es ist eine wunderschöne Sitte auf dem Camino Steine zu sammeln um diese aufzutürmen und damit seine eigene Anwesenheit in einer Skulptur zu hinterlassen. Diese kleinen Steinskulpturen habe ich immer wieder auf meinem Weg angetroffen.

Ganz oft waren sehr zerfallene und verlassene Häuser zu sehen bei denen sich die Natur wieder ihren verlorenen Raum zurückholte, mal waren es kleine Schafherden die sich um mittelalterliche Viehtränken scharten oder es erschien nach einer Biegung ein grandioser Ausblick auf die links von mir liegenden schneebedeckten Berge. Diese Berge hatte ich von Ponferrada aus erblickt. Glücklicherweise gehörten diese nicht zu meinem Jakobsweg.

Immer wieder sah ich Kreuze und Gedenksteine für Pilger die versucht hatten den Camino zu laufen, es aber nicht mehr schafften und hier am Weg gestorben waren. Obwohl ich ständig an meine kleine kranke Schwester dachte wurden diese Gedanken in solchen Momenten besonders intensiv. Der Arzt hatte ihr gesagt, dass die Krankheit unheilbar wäre. Es könnte drei Wochen, aber auch ein paar Jahre dauern bis sie sterben müsse. Ich musste bei dieser Erinnerung immer erst einmal schlucken. Das motivierte mich aber sehr wieder mal einen Zahn zu zulegen, um die Steine pünktlich abzulegen.

Über einen knorzigen mit tausenden Wurzeln und Geröllsteinen übersäten Weg ging es an einem Nadelwald entlang, der glücklicherweise ein wenig Schatten bot. Besonders hier war ich über meine guten und festen Wanderschuhe froh.

Nach kurzer Zeit, an einer Weggabelung, stand ein kleiner Imbisswagen, wo gekühlte Getränke verkaufte wurden. Ich bekam zum Dank für den Verzehr auch noch einen schönen Stempel in meinen Pilgerpass. Ich setzte mich, atmete tief durch und sah mich entspannt um. Hier gefiel es mir.

Laut redend und wild gestikulierend kam ein junges Pilgerpärchen den Weg entlang auf mich zu. Beide waren gut ausgestattet. Doch eines fehlte. Die Pilgerin hatte keine Schuhe an. Die Zwei holten sich jeder ein Bier, einen Stempel und setzten sich dann zu mir. Ich fragte mich, wo sie wohl ihre Schuhe gelassen hätte. Der Weg zu dem Imbiss war geschottert und wenn ich an den Weg mit dem Steingeröll und den offenen Wurzeln zurückdachte bekomme ich heute noch eine Gänsehaut. Die sehr temperamentvolle Pilgerin übernahm das Wort und erzählte, dass sie beide katholisch seien, aus Brasilien kämen und die Strecke schon seit dem Beginn des Spanischen Jakobsweges in Saint-Jean-Pied-de-Port laufen würden, um dann in Santiago de Compostela das Grab, oder besser gesagt die Reliquien des heiligen Jakobus zu sehen. Ich erzählte meine Geschichte und beide wollten für meine Schwester beten. Ich sprach sie auf ihre nicht vorhandenen Schuhe an. Sie sagte und lachte dabei, dass sie noch nie im Leben Schuhe besessen hätte und ihr es deshalb auch nichts ausmachen würde den Camino barfuß zu laufen. Eine Frau ohne das Bedürfnis Schuhe zu haben hatte ich bis dato noch nie kennengelernt.

Sie brachen vor mir auf und so wie es fast immer auf der Reise war wurde ich von zahlreichen Pilgern überholt. Nach nur wenigen hundert Metern an der Straße bog der Weg rechts in eine Talsenke ab. Dort stand ein altes Ritterzelt und davor hatte sich ein spanischer Tempelritter in voller Rüstung postiert. Er hielt ein großes Zweihandschwert in der Hand. Neben ihm auf einem Balken saß ein großer Adler. Er sammelte Geld für ein Kinderkrankenhaus. Für eine kleine Spende konnte man sich mit ihm und dem Adler fotografieren lassen. Zusätzlich gab es noch einen Stempel in den Pass. Das machte ich natürlich sofort. Es war ein ganz besonderes Erlebnis den Adler auf meinen Unterarm zu nehmen. Ich spürte seine kräftigen Krallen selbst durch den Handschuh. Das Tier war sehr schwer. Das hätte ich nicht gedacht. So nah war ich einem Raubvogel noch nie. Mit seinem riesigen Schnabel hätte er mir spielend ein Auge aushacken oder einen Finger abbeißen können. Der Ritter animierte mich sogar dazu den Adler zu streicheln. Mir war zwar ein wenig mulmig doch dann tat ich es. Es war ein unbeschreibliches Gefühl. Ich verabschiedete mich und dachte mir, dass man solche Dinge nur dann erlebt, wenn man hinaus in die Welt geht.

Nun ging es wieder weiter über unzählige offenliegende Wurzeln an einem Drahtzaun entlang. In vielen Jahren hatten dort tausende von Pilgern Erinnerungsstücke hinterlassen. Dort hingen viele hundert Holzkreuze aus Ästen die in den Draht eingeflochten waren. Manche waren frisch, anderen sah man an, dass sie schon Jahrzehnte dort hingen. Besonders Asiaten bringen bunte Bänder von zu Hause mit die sie dort befestigen. Teilweise waren es auch Fotos oder Zettel mit Gebeten. Auch ich suchte zwei schöne kleine Äste, steckte sie in den Zaun und dachte dabei ganz intensiv an meine Schwester, die jetzt in Deutschland ihren OP Vorbereitungstag hatte.

Der Weg ging über eine kleine halb zerfallene Holzbrücke und ab da konnte ich mein heutiges Tagesziel sehen. Rabanal. Der Camino ging hier ein Stück an der Straße entlang und mehrere

Autos mit Fahrradanhängern überholte mich. Die Räder waren auf den Anhängern befestigt und in den Fahrzeugen saßen die Radfahrer, laut johlend mit Dosenbier in der Hand. Das war nicht meine erste Begegnung mit Fahrradpilgern. Sofort kam in mir eine leichte Wut auf. Das waren auch Leute die ich in die Kategorie Luxuspilger einordnete und mir sagte, dass die den Camino nicht „ordnungsgemäß" bestehen würden. Am Abend sollte ich aber erfahren, welche Art von Pilgern es gibt und dass es mir überhaupt nicht zusteht über diese Menschen zu richten.

Da ich ziemlich fertig war und den schweren Rucksack loswerden wollte steuerte ich die erstbeste Herberge an. Das Haus war recht groß und zum Glück bekam ich noch eines der letzten Betten. Es war ein riesiger Schlafsaal mit sicherlich 40 oder 50 Betten. Die Wanderschuhe mussten draußen in einem Regal bleiben.

Aufgrund der Geruchsbildung bei so vielen Wanderschuhen war das auch sicher eine gute Idee. Viele Pilger waren schon am Schlafen und die Herbergsmutter ermahnte mich sehr leise zu sein. Es gibt doch in der Tat einige Pilger die den Weg komplett nachts mit Stirnlampe laufen. Gerade viele Asiaten meiden die Sonne, damit ihre Haut nicht gebräunt wird. Teilweise sind sie wie Beduinen eingepackt um nur keinen Sonnenstrahl abzubekommen. Ich machte mich etwas frisch und erkundete das schöne kleine Dorf Rabanal. Vor der alten Kirche mit einem angrenzenden Kloster traf ich zwei Pilgerinnen aus Irland. Eine konnte sogar etwas Deutsch sprechen, da ihre Firma sie für ein halbes Jahr nach Deutschland versetzt hatte. Wir verbrachten den ganzen Abend gemeinsam.

In dem Kloster lebten zu der Zeit nur noch acht Mönche. Doch sie hielten jeden Abend eine Messe für die Pilger und die Dorfbewohner ab. Dort sind wir dann auch hin. Obwohl weder ich noch die beiden Irländerinnen verstanden was auf Spanisch und Lateinisch gebetet und gesungen wurde, so war es doch ein sehr spiritueller Moment. Nach dem Gottesdienst sprachen die Mönche noch mit den Besuchern. Eine deutsche katholische Kirchengemeinde finanzierte dieses Kloster. Wir suchten uns eine schöne Taverne aus und bestellten ein Pilgermenü. Ich hatte eine Fischsuppe, ein Steak mit Pommes und einen spanischen Karamellpudding. Dazu bekam jeder von uns eine ganze Flasche Rotwein. Der Abend wurde sehr lustig und wir unterhielten uns sehr angeregt über die verschiedenen Formen des Pilgerns. Die beiden waren schon mehrmals den Camino in Teilstücken gegangen. Auch ich erlebte später noch alle Formen des Pilgerns persönlich.

Um am Ende des Pilgerweges an der Kathedrale in Santiago de Compostela die offizielle Urkunde, die Compostela zu erhalten, muss man die letzten 100 Kilometer zu Fuß gehen oder mit Esel, Pferd oder Fahrrad die letzten 200 Kilometer zurückgelegt haben. Das ist durch entsprechende Stempel im Pilgerpass zu bestätigen. Ich hatte nicht vor die „Compostela" zu erlangen. Ich hatte ja nur die Aufgabe die Steine abzulegen, so dachte ich.

So entwickelte ich böser Mensch an diesem Abend eine Rangfolge über die Wertigkeit der Pilger.

Platz 1 waren diejenigen, die es wie ich machten. Laufen mit komplettem Gepäck mit Schlafsack und Isomatte um auch im Freien übernachten zu können. Niemals eine Herberge im Voraus zu buchen, sondern es dem lieben Gott oder dem Großen Baumeister aller Welten zu überlassen ob und welchen Schlafplatz ich bekomme oder vielleicht gar keinen.

Platz 2 waren diejenigen, die zwar den Weg gingen, aber die Herberge vorher reservierten und ihren Rucksack mit dem Taxi liefern ließen.

Platz 3 waren die Fahrradpilger und Reiter.

Platz 4 waren die Pilger, die den ganzen Weg mit dem Reisebus zurücklegten, nur kurz vor den Stempelstellen oder schönen Besichtigungspunkten ausstiegen und somit ihre „Compostela" erschlichen.

Platz 5 waren für mich die Schlimmsten. Es waren die Fahrradpilger mit Begleitfahrzeugen und Anhängern. Einige von ihnen machten es sich besonders leicht. Bei allen Steigungen verfrachteten sie die Räder auf die Anhänger und stiegen, wenn es bergab ging wieder auf.

Doch im Laufe des Abends, nach intensiven Gesprächen mit den beiden irländischen Pilgerinnen erkannten wir, dass es eine Anmaßung wäre, über diese Leute zu richten. Es gab ja sicherlich Gründe dafür warum sie das so taten. Vielleicht waren sie krank oder geschwächt, dass sie ihr Gepäck nicht tragen konnten. Vielleicht waren die Buspilger zu alt um den beschwerlichen Weg noch alleine gehen zu können. Selbst für die für uns eher unverständlichen „Platz 5 Pilger" konnten wir noch einige Argumente herleiten. Also verordnete ich mir mehr Toleranz. Ich wurde allerdings noch einige Male sehr auf die Probe gestellt.

Wir tranken noch einiges und gingen erst nach Mitternacht auseinander. Die Beiden schliefen in einer anderen Herberge als ich. Ich sah danach auch diese beiden sympathischen Mädels nie mehr. Doch es war ein unwiederbringlicher sehr schöner Moment mit ihnen.

Als ich zurück in den Schafsaal kam war es alles andere als ruhig dort. Auch die mir entgegenkommen Gerüche waren unbeschreiblich. Die Notbeleuchtung war so hell, dass man alles klar erkennen konnte. Von allen Ecken kam lautes Schnarchen und Stöhnen, manche sprachen im Schlaf, manchen unterhielten sich oder tranken was. Die ersten packten aber auch schon ihre Rucksäcke, weil sie nachts laufen wollten, um der starken Sonne zu entgehen. Ich zog mich aus und kroch in meinen Schlafsack. Die Stockbetten standen aus Platzgründen direkt nebeneinander. Neben mir in dem andern Bett lag eine ca. 40 Jahre alte Französin und sie weinte. Ich frage sie auf Englisch was los wäre und ob ich ihr helfen könne. Sie gab mir zu verstehen, dass sie weder deutsch noch englisch sprechen würde. Ich gab ihr meine Hand, die sie fest umfasste. Dann kam es wie ein Redeschwall. Sie redete und redete und zwischendurch weinte sie wieder. Ich verstand kein Wort. Ich hatte aber den Eindruck, dass es ihr guttat, dass jemand zuhörte. Mit der Zeit beruhigte sie sich. Hand in Hand schliefen wir irgendwann ein. Die Nacht war natürlich sehr unruhig. So viele verschiedene Sprachen, so unterschiedliche Menschen, so viele Erlebnisse die ich alleine am heutigen Tag hatte. Ich war begeistert. Erst am frühen Morgen schlief ich richtig ein.

02.06.2016

Aufgeweckt wurde ich gegen acht Uhr durch laute Stimmen und ein hin und her wie in einem Ameisenhaufen. Alle packten ihre Sachen. Es war ein regelrechtes babylonisches Stimmengewirr. Bis neun Uhr musste die Herberge geräumt sein. Die Französin war schon weg. Eine zweite Nacht oder eine zu späte Räumung der Herberge ist nicht zulässig. Eine zweite Übernachtung wird in der Regel nur gewährt, wenn man krank oder zu erschöpft für die Wanderung ist. In den privaten Unterkünften oder in den Hotels ist das natürlich anders. In den kirchlich geführten Herbergen ist alles noch strenger. Da muss man morgens um spätestens sechs Uhr raus. Zeitig zum Morgengebet. Dafür sind die kirchlichen Herbergen in der Regel kostenlos und man spendet, was man geben kann. Ein Pilger kann gar nichts geben, ein anderer Pilger hinterlässt ein ganzes Bündel Scheine. So gleicht sich das aus.

Ich war der Letzte der sich auf den Weg machte. Mein nächstes Ziel war Foncebadon. Ein früheres verlassenes Geisterdorf. In den achtziger Jahren gab es keine Einwohner mehr. Verwilderte Hunde hätten sich da breit gemacht und würden ab und zu eine Gefahr für die Pilger darstellen. Die Wanderer sollten immer sehen, dass sie eine Handvoll Steine zum Werfen griffbereit hätten. Darauf hatte ich gar keine Lust. Doch diese Informationen waren nicht mehr aktuell. Mittlerweile hatten sich dort wieder zwei Herbergen angesiedelt. Aber gerade die alten Häuserruinen sollten sehr beeindruckend sein.

Bis dahin waren es nur noch wenige Kilometer. Doch die hatten es in sich. Es ging für meine Verhältnisse sehr steil bergauf und ohne meine Wanderstöcke hätte ich das nicht so gut geschafft. An einem besonders steilen Stück hörte ich ein fröhliches Pfeifen hinter mir. Ein alter Mann in etwas kauziger Kleidung kam mir mit schnellem Tempo den Berg hinterher. Er hatte einen großen Hut auf und einen riesigen Wanderstab dabei. Überall an ihm hingen kleine bunte Bänder und Wimpel. Als er auf meiner Höhe war grüßte er mich auf Deutsch. Woran er das wohl erkannt hatte das ich Deutscher war? Er fragte mich nach meinem Ziel und ich erzählte ihm meine Geschichte. Er nickte nur stumm und sagte dann, dass ich im Herzen bei ihm sein würde. Dann erzählte er, dass er jetzt 83 Jahre alt wäre, aus Nürnberg komme und den ganzen Camino schon seit 10 Jahre jährlich gehen würde. Das würde er zum Andenken an seine

Frau machen die vor 10 Jahren gestorben wäre. Ich fand das unglaublich. Er war so fit und glücklich. Er strahlte eine beeindruckende Empathie aus. Dann verabschiedete er sich mit einem „Buen Camino" und marschierte den Berg in schnellem Tempo hinauf. Ich musste alle dreißig bis vierzig Meter eine kurze Pause machen um ein wenig Luft zu holen. Aber meine Zeit drängte und ich war froh, dass ich nach einer Biegung das Dorf Foncebadon erblickte. Fast zeitgleich mit mir kam ein großer deutscher Reisebus zum Ortseingang. Der Fahrer hielt, die Türen des Busses gingen auf und eine ganze Schar Pilger quoll aus dem Bus heraus. Die meisten hatten Wanderstöcke dabei, Sonnenhüte und kleine Rucksäcke auf. Die „Luxuspilger", dachte ich überheblich. Da ich völlig erschöpft und durchgeschwitzt wegen des steilen Anstieges war, beneidete ich diese Pilger. Da schwitzte keiner, da klebte auch keinem die Zunge am Gaumen. Der klimatisierte Bus war komfortabel. Der Busfahrer hatte sicher zahlreiche gekühlte Getränke vorrätig. Vielleicht hätte ich das auch so machen sollen. Ich wollte ja nur die Steine ablegen. Das hätte ich auch mit Hilfe des Busses machen können. Das wäre so einfach gewesen. Doch das wäre Gott und Teufel betrogen. Es sollte wohl nicht einfach sein. Das bedeutete, dass ich schon was dafür tun musste, um den Steinen den richtigen Geist und die Energie zu geben. Gerade als ich in diesen Gedanken war schleuderte eine Pilgerin mit ihren Wanderstöcken derart herum, dass mich die Stahlspitze mit Sicherheit ins Auge getroffen hätte, wenn ich nicht durch meine gute Carbon Sonnenbrille geschützt gewesen wäre. Sie selbst merkte es nicht einmal. Eine weitere Luxuspilgerin aus dem Bus rief ihr zu die Stöcke nach unten zu nehmen um niemanden zu verletzen. Das war zum Glück nochmal gut gegangen. An der der Stempelstelle standen sicherlich dreißig Pilger, alle aus dem Bus. Um mich da anzustellen fehlte mir die Zeit. Ich hatte jetzt noch knapp zwei Stunden Zeit. Mit Rucksack hätte ich das kaum noch geschafft. Wenn ich durchgelaufen wäre, dann hätte ich sicher keinen Schlafplatz mehr gefunden, denn die nächste Herberge war sehr viele Kilometer entfernt. So entschloss ich mich hier eine Herberge zu nehmen und den restlichen Aufstieg ohne Rucksack zu machen. Die Herberge war klein. Sie hatte nur sechs Betten. Ich bekam das letzte Bett. Die Herbergsmutter sagte, dass sie heute Abend für uns kochen würde, weil es hier keine Taverne gäbe. Das hörte sich gut an. Ich hatte mich schon auf ein Abendessen mit Studentenfutter eingerichtet. Ich legte meine Sachen ab, nahm den Beutel mit den Steinen und eine Flasche Wasser und machte mich auf zum Aufstieg auf das Cruz de Ferro. Nach ein paar Biegungen bergauf konnte ich das Kreuz sehen.

Da ich nicht genau wusste wie lange ich brauchen würde gab ich etwas Gas und war dementsprechend außer Atem. Da klingelte mein Handy. Es war eine Mitarbeiterin meiner Dienststelle die mir zum Geburtstag gratulieren wollte. Ach ja. Ich hatte ja auch heute Geburtstag. Das hatte ich völlig verdrängt. Sie fragte warum ich so außer Atem sei und ich erzählte ihr, dass ich auf dem Jakobsweg wäre und gerade einen steilen Anstieg vor mir hätte. Sie wusste nichts von meiner Wanderung. Sie dachte ich hätte nur Urlaub. Ich habe mich über den Anruf sehr gefreut und es verdeutlichte mir wieder wie sehr mittlerweile die Welt zusammengerückt war. Immerhin lagen viele hundert Kilometer zwischen ihr und mir.

Der Weg querte die Landstraße und dann waren es nur noch wenige hundert Meter. Ich lag gut im Zeitplan. Es war kurz nach Mittag. Dann lag der Hügel mit Millionen von Steinen vor mir. Es war ein sehr mystischer Moment. Vielleicht war es subjektiv, aber ich spürte eine starke Energie, die von dieses Hügel mit dem dicken hölzernen Pfahl und dessen Spitze mit dem Eisernen Kreuz ausging. Meine Schritte wurden langsamer und sehr bedächtig. Ich genoss jede Sekunde und es fällt mir sehr schwer das zu beschreiben, was mit mir geschah. Es waren nur einige wenige Pilger da und legten Steine ab. Einige knieten und beteten, andere ließen sich mit dem Kreuz fotografieren, wieder andere eilten ohne hinzusehen am Kreuz vorbei.

Der Hügel bestand nicht nur aus Steinen die teilweise bemalt oder mit viel Liebe beschriftet waren, sondern auch Papierrollen, Fotos, Flaschenpost, Bändern und vieles mehr. Auch lagen dort viele edle Steine wie Amethyste, Achate, Lapislazuli und Tigeraugen. Mich wunderte, dass die da nicht gestohlen wurden. Ich ging hoch zum Kreuz, fasste den Pfahl an und gedachte meiner kranken Schwester, meiner Mutter, meinem Schwager, den Neffen. Alle machten jetzt eine ganz schlimme Zeit durch. Es war so, als würde Energie durch den Holzbalken über meine Hand, den Unterarm und den Oberarm über die Schulter bis hin zu meinem Herz fließen. Ich erschreckte mich etwas, weil ich es nicht erwartete, doch es war ein sehr angenehmes Gefühl. Nach einer Zeit, denn andere warteten auch schon darauf das Kreuz berühren zu dürfen, stieg ich den Hügel wieder hinab. Mir war es unangenehm auf den Steinen des Hügels mit meinen Wanderschuhen herumzutrampeln. Jeder noch so kleine Stein hatte seine Geschichte. Irgendjemand hatte in jeden kleinen Stein seine ganze Hoffnung gesetzt und ihn mit Würde abgelegt. Deshalb ging ich sehr vorsichtig. Meine Steine wollte ich nicht an dieser Stelle ablegen. Keiner sollte darauf herumtrampeln. Welche schlimmen Formen das annehmen konnte sollte ich schon nach wenigen Minuten erfahren.

Ich suchte mir einen schönen Platz aus, der mit den Füßen kaum erreichbar war und legte dabei jeden einzelnen Stein mit Bedacht ab. Dazu sprach ich die Worte, die mir meine Leute aufgetragen hatten. Meine Tochter hatte mir keinen Stein, sondern ein kleines goldenes Glöckchen mitgegeben. Das war ein sehr heiliger und bewegender Moment für mich. Eine große Last fiel von mir. Ich war sehr erleichtert, dass alles so gut geklappt hatte. Ich hatte meine Aufgabe erledigt. Durch lautes Hupen und Rufe wurde ich aus meinen Gedanken geholt. „Pilger Platz 5" waren im Anmarsch. Die Fahrradpilger hatten sich den steilen Berg mit den Transportern mit Anhängern hinauffahren lassen. Sie schnallten die Räder ab und rannten mit ihnen hinauf zum Kreuz. Mit dem leichten Rennrad unter dem Arm spritzten unter ihren Füßen die heiligen Steine des Hügels auseinander. Am Kreuz angelangt nahmen sie ihr Rad mit beiden Händen hoch und brüllten für mich unverständliche Worte. Sie fotografierten sich gegenseitig dabei und es wurde erst ruhiger, als alle ihr Ritual hinter sich hatten und sie dokumentieren konnten, dass sie den schweren Aufstieg zum höchsten Punkt des spanischen Jakobsweges erreicht hatten. Was für arme Burschen dachte ich. Die haben es nicht verstanden. Keiner von ihnen legte einen Stein ab. Doch ich hatte mir vorgenommen nicht über andere Pilger zu urteilen. Aber das fiel mir hier in diesem Moment ganz besonders schwer. Nach einer Zeit, nachdem sie sich von der schweren Autofahrt erholt hatten, schwangen sie sich auf ihre Räder und fuhren los. Jetzt ging es ja bergab.

Ich machte mich auch auf den Rückweg. Mir graute schon davor, dass ich am nächsten Morgen wieder hier hochmusste und diesmal mit vollem Gepäck.

Da es hier im Dorf nur sehr wenige Übernachtungsplätze in den zwei Herbergen gab war in dem Vorraum der kleinen Kirche von Foncebadon die Möglichkeit auch dort zu übernachten. Auf dem Boden verstreut lagen einige alte Isomatten. Die Kirche war immer geöffnet. Es standen auch ein paar Wasserbehälter bereit. Der Kirchenraum selbst war so klein, dass dort höchstens 8-10 Leute gemeinsam vor dem schlichten Altar sitzen konnten. Ich machte noch ein paar Fotos von den alten verfallenen Häusern die wie verwunschen auf mich wirkten. Zum Glück sah ich keine verwilderten Hunde.

Als ich wieder in die Herberge zurückkam sagte die Seniora des Hauses, dass es in einer Stunde Abendessen gäbe. Ich ging auf unser gemeinsames Sechsbettzimmer. Auf einem Bett lag ein Mann der ein Bündel Zettel mit kyrillischer Schrift in der Hand hatte und darin las. Neben ihm lag ein alter Lederbeutel. Ich grüßte ihn und wir kamen sehr schnell ins Gespräch. Zum Glück sprach er fast perfekt deutsch. Er war aus der Ukraine und hatte mehrere Jahre in Deutschland als Altenpfleger gearbeitet. Um aber den Menschen in seinem eigenen Land helfen zu können, ging er eines Tages zurück. Obwohl die Altenpflege in Deutschland sicherlich viele Lücken hätte, so wäre sie doch im Vergleich zur Ukraine ein Paradies. Ich fragte ihn, was es mit den Zetteln auf sich hätte. Er erzählte mir, dass die Bewohner in seinem Altenheim alle sehr gläubig wären, aber aufgrund des Alters und der Gebrechen weder nach Rom noch nach Santiago pilgern konnten. Da kam in ihm die Idee auf, dass er für sie Pilgern wollte. Alle sollten ihre Wünsche und Gebete auf einen Zettel schreiben und in den Ledersack legen. In Santiago wollte er dann bei den Gebeinen des Heiligen Jakobus diese Zettel verlesen. Er sammelte Geld für die Reise und ist seitdem unterwegs. Er machte sich darüber lustig, dass ich bis jetzt nur Etappen von maximal 15 Kilometern geschafft hatte. Voller Stolz sagte er, wenn er mal einen Tag unter 40 Kilometern laufen würde sehr enttäuscht von sich wäre. Ich sprach ihn auf die wunderschöne Landschaft und die geheimnisvollen alten Häuser, die Vegetation und die beeindruckenden Kirchenbauwerke an. Er sagte aber, dass ihn das alles nicht interessieren würde. Für ihn wären nur die Tagesleistung und das Ziel entscheidend. Wenn er sich nicht beeilen würde, dann wären zuhause die ersten schon gestorben, bevor er die Zettel verlesen konnte.

Wieder habe ich einen Menschen kennengelernt, der seine ganz eigene Motivation hatte den Weg zu gehen. Auch ihm war das Ritual des Ablegens der Steine nicht bekannt.

Zum Abendessen gab es eine Suppe, Spaghetti mit einer Hackfleischsoße und einem Joghurt zum Dessert. Dazu reichlich Rotwein und einen selbst gebrannten Schnaps des Herbergsvaters. Der brannte wie Feuer und ich war froh, dass ich nicht spontan davon erblindet bin. Die Señora kam aus Brasilien. Sie war als Pilgerin auf dem Jakobsweg und verliebte sich hier in den Herbergsvater. Sie beendete ihren Pilgerweg in Santiago, kam zurück und heiratete ihre Liebe. Nun betrieben sie schon seit einiger Zeit diese Herberge.

An die anderen vier Pilger kann ich mich nicht mehr erinnern. Auf jeden Fall waren sie nicht aus Deutschland.

Ich hatte trotz intensiver Schnarchgeräusche, an denen ich mich sicher auch kräftig beteiligt hatte, sehr gut geschlafen. Ich merkte, dass die Anspannung und der Zeitdruck nicht mehr präsent waren. Nun konnte ich alles etwas lockerer angehen.

03.06. 2016

Nach einer Tasse Kaffee verließ ich als letzter die Herberge. Der Aufstieg zum Kreuz war ein ganz anderer als am Vortag. Der Rucksack drückte zwar, aber ich nahm mir die Zeit zu fotografieren und die wunderschöne weite Aussicht zu genießen. Als ich mich dem Hügel mit dem Kreuz näherte war es ein ganz anders Gefühl als gestern. Ich würde es eher als neutral beschreiben. Ich ging zu der Stelle an der ich gestern die Steine und das Glöckchen von meinen Lieben abgelegt hatte. Alles war noch in Ordnung. Ich sah mir noch einige andere Steine an die in den unterschiedlichsten Sprachen geschrieben waren und machte mich dann auf den Weg. Da sah ich gerade noch wie die Mutter mit dem großen Rucksack und dem Kinderwagen sich den Berg hinauf kämpfte. Obwohl mich ihr Schicksal sehr interessierte wollte ich doch nicht so neugierig sein um sie anzusprechen. Später erfuhr ich von einem Pilger, dass sie aus der Schweiz kommen würde. Sie hätte vor einigen Monaten, als sie noch schwanger war, ihren Mann bei einem Autounfall verloren. Da sie beide geplant hatten gemeinsam mit dem Kind auf den Camino zu gehen, hatte sie es sich zur Aufgabe gemacht, diesen gemeinsamen Wunsch nachträglich zu erfüllen. Ich bewunderte diese Frau.

Zunächst ging es auf einem befestigten Weg leicht bergab. Auch hier waren wieder namentliche Kreuze aufgestellt, für Pilger die unterwegs gestorben waren. Immer wieder sah man auch die kleinen Steinhaufen die zum Gedenken aufgeschichtet waren.

Am Anfang des Jakobsweges soll es ein kleines Tal geben, in dem tausende von diesen kleinen Steinhaufen stehen. Vielleicht werde ich sie einmal bei einer anderen Pilgerreise sehen. Denn eines stand schon jetzt trotz der Anstrengung fest, hier wollte ich wieder hinkommen. Nach einer Straßenbiegung sah ich den kleinen Ort Manjarin. Vor einigen hundert Jahren war hier ein kleines Hospital was sich um die erschöpften und kranken Pilger kümmerte. Das sind so die Momente, bei denen man sich bewusst wird, wie gut es uns heute geht. Ausgerüstet mit Hightech Kleidung- und Schuhen, krankenversichert und ausreichend Geld, zur Not in „Plastikgeld", kein Mangel an Ausrüstung und die Chance überfallen zu werden ging gegen Null.

Manjarin war ein Ort, den jeder Pilger des Camino gesehen

haben sollte. Das ist ein regelrechter Kultrastplatz. Die Pilger trinken hier ein kaltes Bier zusammen und wenn man viel Glück hat trifft man „Tomás". Vor vielen Jahren ist er während des Pilgerns hier hängen geblieben und hat eine kleine Herberge aufgebaut. Er sieht sich als ein Nachfolger der Tempelritter, die schon wie gesagt in Nordspanien eine ganz besondere Bedeutung haben und war auch so gekleidet wie diese. So ist auch seine Herberge eingerichtet. Überall standen Schwerter, Wimpel, Fahnen und Erinnerungsstücke. Es ist ein unglaublich lieber, aber etwas kauziger Mensch. Ich war dankbar mit ihm einige Worte gewechselt zu haben.

Es ging nun weiter bergab und obwohl die Anstrengung weniger wurde, so tat besonders mein rechtes Knie mir immer mehr weh. Während eines Routineeingriffs an meinem Knie vor einiger Zeit, war während der Operation ein Stück des Skalpells abgebrochen und nach hinten in mein Kniegelenk gerutscht. Das Fragment musste in einer zweiten, sehr aufwendigen Operation geborgen werden. Seitdem hatte ich immer wieder einmal Probleme mit dem Laufen. Aber diese Aktion ist eine eigene Geschichte wert.

Doch plötzlich stieg der Weg wieder an. Das konnte ich nicht verstehen. Ich dachte es geht nun nur noch bergab. Da hatte ich mich wieder mal verplant. Ich fauchte wie eine Dampflok. Der Weg stieg steil an und es war unglaublich heiß. Gerade dann, wenn ich mich auf bergab eingestellt hatte, tat es besonders weh, wenn es dann doch wieder bergauf ging. Meine Wasservorräte gingen schnell zu neige. Da hing auf halbem Wege ein kleines Schild am Baum. Vieles stand da auf Spanisch. Erkennen konnte ich aber Cerveza und Vino. Also Bier und Wein. 600 Meter die zwar schwer zu bewältigen waren, aber ein Ziel darstellten. Ich konnte kaum glauben wie lang 600 Meter sein konnten. Endlich kam ich an der Bergspitze an. Dort stand ein Imbisswagen, dessen Inhaber wahrscheinlich täglich neu den Gewinn seines Lebens machte. Der Imbissbetreiber hatte zahlreiche Sonnenschirme und Sitzbänke aufgebaut die alle gut genutzt waren. Ich bestellte gleich zwei Dosen Estrella Galizia, einem sehr guten spanischen Bier. Denn das erste Bier würde sicherlich auf dem Weg zum Magen verdampfen und erst das Zweite die nötige Erfrischung bringen. Von meinem Platz aus sah ich dann wieder die Frau mit dem großen Rucksack und dem Baby. Sie lief mit unglaublicher Kondition an dem Imbiss vorbei in Richtung Santiago de Compostela, dass uns allen gemeinsame Ziel. Der Wirt brachte mir noch leckere Oliven zu meinem Bier. In Spanien, zumindest auf dem Camino, gibt es immer eine Kleinigkeit zu Essen zum Alkohol dazu. Mal sind es Oliven, mal ein paar Chips und mal ein paar kleine Tapas. Das ist eine tolle Geste die ich immer wieder erlebte.

Von hier an ging es nun aber wirklich immer bergab. Meinem Knie tat das nicht gut. Was die letzten Tage so langsam und kontinuierlich bergauf ging, musste nun in sehr kurzer Zeit bergab bewältigt werden. Es ging über Geröllwege die sehr schwer zu laufen waren. Besonders bei meinem Gewicht hatte ich etwas Bedenken zu stürzen und so setzte ich jeden Schritt mit bedacht. Allerdings dauerte das und war sehr anstrengend. Nachdem ich einige Zeit gewandert war, zwei kleine Dörfer durchquerte die keine Herberge hatten, kam ich in El Acebo an. Dieses Dorf erlangte dadurch die traurige Berühmtheit, dass ein

Fahrradpilger zu schnell durch den Ort fuhr, dabei stürzte und starb. Die Dorfbewohner bauten ihm daraufhin ein Denkmal.

Als ich völlig erschöpft in das Dorf kam, erschrak ich etwas. Da standen jede Menge Taxis und Omnibusse mit den Luxuspilgern. Sie hatten sich schon auf allen Sitzplätzen in den Tavernen verteilt und tranken Bier und Wein und ließen sich leckere Tapas dabei schmecken. Ich setzte mich einen Moment auf einen Treppenabsatz und trank den Rest aus meiner Wasserflasche. Ich war nicht nur total kaputt, diese Menge an Pilgern lies vermuten, dass ich keinen Schlafplatz mehr bekommen würde. Da kam in mir wieder auf, dass ich doch der richtige Pilger bin, ich die Strapazen des Weges auf mich nehme und nicht nur erschöpft von der Busreise und den schweren Eintragungen in den Pilgerpass bin. Ich weiß, dass ist polemisch und sarkastisch und ich wollte doch tolerant sein. Ich hätte aber gerade zu dem Zeitpunkt heulen können. Aber ich tat es nicht. Nachdem ich die dritte Herberge abgefragt hatte und immer wieder hören musste, dass sie aufgrund der vor reservierten Buspilger alle Schlafplätze belegt hätten, war ich fast soweit ein Taxi nach Molinaseca, meines morgigen Reiseziels zu nehmen. Ich war total kaputt und verzweifelt. Die vielen Kilometer hätte ich zu Fuß nicht mehr geschafft. Da kam ein Spanier aus einer Taverne, der meine Not erkannte. Er erzählte, dass ein reicher Spanier, der sehr gläubig wäre, eine Herberge am Ortsausgang für die Pilger ganz neu gebaut hätte. Er wüste allerdings nicht, ob diese schon geöffnet hätte. Ich dankte ihm sehr für diese Information und sagte mir, wenn das nicht klappt wäre das eben die erste Nacht für mich in einer Wiese.

Ich kam an dem Denkmal des verunglückten Fahrradpilgers vorbei. Als ich dann nach links sah und ich die Herberge erblickte traf mich fast der Schlag. Auf einer Anhöhe ragte ein großes neues Gebäude mit fantastischem Ausblick auf das weite Tal und die Berge. Die Herberge hatte den Namen „La Casa Del Peregrino". Es gab sogar ein Schwimmbad. Alles war ganz neu und die letzten Bauarbeiter hatten ihre Tätigkeiten gerade beendet. Das war ein Traum.

Ganz vorsichtig, jeden Moment damit rechnend wieder verjagt zu werden, weil noch nicht geöffnet war, betrat ich die Rezeption. Da sah es aus wie in einem sehr guten Hotel. Eine gut gekleidete, sehr schöne und supernette Spanierin empfing mich freundlich. Ich frage nach einem Bett für die Nacht und sie sagte, dass sie gerade erst eröffnet und selbstverständlich ein Bett für mich bereitstehen hätten. Ich konnte es kaum glauben. Alles war ganz neu und roch nach Putz und frischer Farbe. Ich bekam ein Bett in einem Zehnbettzimmer. Es waren fünf Doppelstockbetten. Ich

war der erste dort und nahm mir das Bett am Fenster. Wie fast jeden Abend wusch ich meine Kleidung und hängte sie zum Trocknen auf. Nach dem Duschen schaute ich mir das Gelände nochmal  an. Das war so schön hier. Eine regelrechte Luxusherberge. Das Wasser des Schwimmbades war noch eiskalt, da es erst vor kurzem gefüllt wurde. Ich hatte für heute Abend ein Pilgermenü bestellt und hatte noch etwas Zeit. Ich fühlte mich wohl ging auf die Terrasse mit einer kleinen Taverne, bestellte ein kaltes Bier und bekam die besten Oliven meines Lebens dazu. Die hatte der Koch nach einem alten Rezept selbst eingelegt. Von hier oben konnte ich nun sehen, wie ein alter Eselskarren um die Ecke kam.

Eine Frau saß auf dem Wagen und ein alter Mann führte das Gefährt. Das war der erste echte Esel den ich auf dem Camino sah. Der alte Mann und ein Mitarbeiter der Herberge unterhielten sich. Ich konnte aus den Gesten verstehen, dass er auch eine Übernachtungsmöglichkeit für sich, seine Frau und den Esel suchte. Das war kein Problem. Der Esel bekam ein Stück eingezäunter Wiese, etwas Futter und Wasser.

Ich lehnte mich im Stuhl zurück, war sehr zufrieden mit mir und der Welt und sagte mir, dass ich nun einen Schritt zurückschalten könnte. Hier war es so schön, dass ich später noch um eine zweite Übernachtung anfragen wollte, obwohl das ja normalerweise nicht möglich war. Ich ging nach einer Zeit ein paar Schritte auf dem Balkon der Taverne entlang. Da passierte plötzlich etwas mit mir. Ich merkte, wie sich langsam aber stetig ein regelrechter Kloß in meinem Hals bildete. Was war los mit mir? Ich setzte mich wieder. Mittlerweile saßen auch andere Pilger an den Nebentischen. Ich merkte, wie meine Augen feucht wurden. Ich dachte, um Gottes Willen, du wirst doch jetzt nicht anfangen zu weinen. Ich hatte schon sehr lange nicht mehr geweint. Das letzte Mal als mich meine größte Liebe verlassen hatte. Ich war so erzogen, dass ein Mann nicht weinen sollte. Ich konnte das Gefühl kaum unterdrücken. Ich schämte mich dafür. Ich erinnerte mich an das Buch von Harpe Kerkeling über den Jakobsweg. Darin schrieb er, dass jeder Pilger auf seiner Reise mindestens einmal weinen würde. Ich hielt das für Unfug. Ich konnte mich immer beherrschen und weinte nicht. Schon gar nicht auf dem Jakobsweg. Fast genau an der Stelle wo ich war, nur wenige Kilometer entfernt musste Harpe Kerkeling weinen. Dieses Gefühl in mir wurde immer stärker. Was passierte hier bloß? Die erste Träne rann mir über meine Wange. Wie peinlich dachte ich und sah mich verstohlen nach den anderen Pilgern um, ob sie wohl was bemerkten. Ich schätzte sie merkten nichts. Es wurde immer schwerer diesem Drang etwas entgegen zu setzen. Mir ging es doch gut. Die Aufgabe des Ablegens der Steine war erfüllt, ich hatte eine tolle Herberge gefunden, ich war geduscht und saß in einer Taverne mit wunderbarem Ausblick. Alles war gut und ich musste weinen? Da konnte ich es nicht mehr zurückhalten. Wie regelrechte Sturzbäche liefen die Tränen über mein Gesicht. Ich schluchzte wie ein Schlosshund und es wollte nicht aufhören. Immer intensiver weinte ich. Verstohlen sah ich nach links und rechts auf die Pilger. Doch keiner rührte sich. Sie waren alle in intensiven Gesprächen. Zum Glück! Es dauerte sicher eine viertel Stunde und genauso schnell wie es gekommen war, verschwand das Gefühl auch wieder. Ein unglaubliches Erlebnis, wo ich heute noch nicht beurteilen kann ob es gut oder schlecht war. Unerklärlich ist mir auch bis heute was der Auslöser dafür war. „Jeder Pilger weint irgendwann einmal auf seinem Weg!"

Das Pilgeressen und der Wein waren sehr gut. Ich saß mit Holländern an einem Tisch und die konnten zum Glück deutsch reden. Mein Englisch ist nicht so überragend und eine Konversation mit dieser Sprache über einen ganzen Abend ist sehr anstrengend. Jeder erzählte von seiner Intension warum er den Jakobsweg laufen würde. Von Fitness, über innere Einkehr bis hin zur Pflichtaufgabe für jeden guten Katholiken war alles dabei. Meine Geschichte beeindruckte sie sehr und sie wollten für meine Schwester beten.

Nach einiger Zeit verabschiedete ich mich, ging auf mein Zimmer und schlief schnell ein.

04.06.2016

Als ich am nächsten Morgen wach wurde, waren die anderen schon am Packen. Hier gab es das erste Mal auf dem Camino auch ein richtiges Frühstück. Verschiedene Wurst- und Käsesorten, Obst, Gemüse, Müsli, verschiedene Brotsorten, einen guten Kaffee, Tee, Kakao, Orangensaft und Joghurt. Das alles mit Übernachtung für 13 €. Der spanische Inhaber musste das wohl subventionieren. Anders wäre das finanziell nicht möglich.

Ich durfte eine Nacht verlängern und nutzte die Zeit mich in der näheren und weiteren Umgebung von El Acebo umzusehen. Ich machte viele Bilder von der Landschaft, von verfallenen Häusern und wunderschönen Pflanzen. Ich konnte so richtig zu mir kommen und fühlte mich wohl. Ich hatte nun auch etwas Zeit zu reflektieren. Ich dachte über mich und mein Leben nach. Ich hatte unglaublich viel Schlimmes erlebt, ganz besonders bei meinen vielen Feuerwehreinsätzen, aber auch privat und beruflich. Aber die schönen Erinnerungen überwiegen das leicht. Ich hatte eine tolle Familie und war finanziell solide aufgebaut. Ich hatte einen guten, spannenden Beruf und liebe Kollegen. Mich überraschte es sehr, wie viele verschiedene Menschen ich in der sehr kurzen Zeit kennengelernt hatte. Sollte das so weitergehen? Ja das ging so weiter.

Ich saß gegen Mittag alleine in der Taverne und es war unglaublich still und friedlich. Alle Pilger aus der Herberge waren weitergezogen und neue Wanderer waren noch nicht eingetroffen. Da es sehr heiß war, sah man ein Flimmern der Luft über der Straße. Die weite Aussicht auf die Berge und die Täler waren gigantisch. Immer wieder gingen Pilger in einiger Entfernung an der Herberge vorbei.

Da kam ein Reisebus die Auffahrt hoch. Es waren wieder Luxusbuspilger. Diesmal aber eine andere Reisegruppe. Sie quollen aus den Türen heraus und die wunderbare Stille wurde durch lautes Geschrei durchbrochen. Sie machten ein paar Fotos, holten sich ihren Stempel für den Pilgerpass und gleich ging es weiter. Nun ärgerte ich mich etwas über mich. Schon wieder hatte ich es nicht geschafft tolerant zu sein. Es waren überwiegend ältere Menschen und ich sollte ihnen Respekt zollen, dass sie diese Reise auf sich nahmen. Ich wollte versuchen mich zu bessern.

Am Abend erlebte ich einen gigantischen Sonnenuntergang. Dadurch das einige Wolken am Horizont waren, entstanden Farben wie ich sie noch nie erlebt hatte. Diese schon fast mystischen Farben änderten sich von Minute zu Minute. Selbst das Küchen- und Servicepersonal verließ den Arbeitsplatz um Fotos zu machen. Auch sie konnten sich nicht erinnern, wann der Himmel einmal diese Farben hatte.
Ich blieb bis Sonnenuntergang draußen und ging dann zufrieden ins Bett.

05.06. 2016

Ich packte meinen Rucksack, frühstückte noch ganz hervorragend und lies mir an der Rezeption schon mal mein Rückflugticket ausdrucken. Das ging bei meiner Fluggesellschaft nicht vorher. Ich war so im Reisefieber, dass ich fast vergaß, dass ich schon mehr als die Hälfte meiner Zeit hinter mir hatte. Wie würde es meiner Schwester gehen? Hatten die Steine schon Wirkung gezeigt? Musste ich mehr an die Sache glauben? Oder musste ich überhaupt mehr glauben? Vielleicht reichten die Strapazen alleine nicht? Viele Fragen.
Unabhängig davon war es auf jeden Fall ein Abenteuer den Camino zu gehen, was ich jedem nur empfehlen kann. Egal welche Art von Pilger. Manche Historiker berichten, dass dieser Weg von den Kelten schon lange bevor er den Status eines Pilgerweges für den Heiligen Jakobus inne hatte benutzt wurde. Gerade die Kelten benutzten Wege und Ansiedlungen mit ungewöhnlichen und mystischen Energielinien, also Formen einer Energie die heute noch nicht messbar, aber für einige Menschen spürbar sind. Ich weiß, das ist jetzt etwas esoterisch, aber an jeder Sage oder Geschichte ist etwas Wahres. So ist es erst rund hundert Jahre her, dass man Radioaktivität messen konnte. Es ist auch erst rund vier Jahre her, dass man Gravitationswellen messen kann. Möglicherweise kann man

auch eines Tages diese Energielinien messen. Eines ist unbestritten, wenn man diesen Weg geht spürt jeder etwas und den einen oder anderen verändert der Camino.

Der Weg führte wieder steil bergab durch wildes Gelände. Ich kam durch ein kleines Dorf. An einem Pfahl hingen ein paar Wanderschuhe und eine Gitarre. Auch hier hatte ein Pilger seine Reise aufgegeben. Das lies mich immer einen Moment Inne halten. Ich überlegte, was das wohl für ein  Mensch gewesen sei. Was seine Motivation war den Pilgerweg zu gehen und ihn dann dazu brachte die Tour abzubrechen.

Das Dorf hatte eine kleine Kirche. Es lag ein Stempel mit Stempelkissen aus. Es war keine Menschenseele zu sehen. Da die kleine Kirche sehr unscheinbar war, gingen die meisten Menschen an ihr vorbei. Meiner Meinung nach hatte sie aber die gleiche Daseinsberechtigung wie die großen Kathedralen in Astorga oder Santiago. So streichelte ich zärtlich ihre Wände und ich hatte den Eindruck, dass etwas Gutes zu mir zurückkam. Ich spürte sehr positive Energien.

Ich machte mich nun weiter auf den Weg. Teilweise war er wieder schwierig zu gehen, da es über Geröllwege und glatte Felsen bergab ging.

Mein nächstes Ziel war Molinaseca. Der Weg führte ein Stück die Straße entlang und nach einer Biegung war die Stadt und das schöne Tal mit dem Fluss erkennbar. Es ist ein Naherholungsziel für viele Nordspanier. Durch die Stadt fließt der Rio Meruelo. Dort ist ein kleiner Badestrand an dem nicht nur viele Einheimische und Gäste, sondern auch die erschöpften Pilger die Gelegenheit nutzen sich abzukühlen. Doch Vorsicht! Geplagte Füße bekommt man nach der Abkühlung durch das herrliche Wasser kaum noch in die Wanderschuhe zurück. Das sollte man also erst am Ende des Wandertages machen.

Direkt am Eingang der Stadt befand sich ein Brunnen mit Trinkwasser. Solche Trinkwasserbrunnen sind auf dem gesamten Camino verteilt und in den Reiseführern ist ganz gut beschrieben in welchen Abständen man sie erreicht. Man kann so seine Trinkwasservorräte besser berechnen. Da ich täglich keine allzu großen Strecken ging war das für mich nicht ganz so wichtig. Doch probierte ich an jedem Brunnen, an dem ich vorbeikam, den Geschmack des Wassers aus. Am Brunnen von Molinaseca war dieser Geschmack am besten. Es ist sehr schwierig diesen Geschmack von Wasser zu beschreiben. Es gibt Leute die sagen, dass Wasser einfach nur nach Wasser schmecken würde. Doch durch die unterschiedliche Mineralisation ist der Geschmack eines jeden Wassers immer wieder anders. Dieses Wasser schmeckte einfach unglaublich rein und gut. Vielleicht schon sogar ein wenig süßlich. Doch völlig unbehandelt und wunderbar erfrischend. Eben einfach unbeschreiblich gut. Ich war total überrascht und füllte alle meine leeren Flaschen. Ich empfehle jedem der da einmal vorbeikommt es zu probieren.

Die Unterkünfte der Stadt waren fast alle ausgebucht. Die einzige Pilgerherberge, die ich noch bekommen konnte, war an ein gutes und nobles Luxushotel angeschlossen. Der Hotelbesitzer wollte auch Pilgern mit kleinem Geldbeutel eine Übernachtung ermöglichen. Die Unterkunft lag am Stadtrand, in einer kleinen Senke in einem großen Garten. Es war ein Gebäude, eher vergleichbar mit einem etwas größerem Gartenhaus und etwas versteckt hinter ein paar alten Bäumen. Es hatte ein Schlafzimmer mit vier Stockbetten, also Schlafplätze für acht Personen, eine kleine Küche und ein sehr kleines Bad. Ich nahm das sehr dankend an. Das Schlafzimmer war allerdings so klein, wie ich es noch nie erlebt hatte. Es maß weniger als vier auf drei Meter und das für acht Personen aus allen Herren Ländern. Männer und Frauen zusammen, wie es auf dem Camino üblich ist. Dazu kam die unglaubliche Hitze. Es gab auch nur ein nur ein sehr kleines Fenster. Nachts kühlte es sowieso schon lange nicht mehr ab. Scherzhaft gesagt war die Chance bei der Übernachtung zu ersticken groß. Doch wir ließen natürlich immer auch alle Türen im Haus geöffnet um wenigstens ein bisschen Durchzug zu haben. An zwei von meinen acht Mitpilgern kann ich mich noch ganz besonders erinnern.

Der eine war ein ca. 25 Jahre alter Pilger aus Australien. Er kam nach mir und humpelte den Gartenweg zur Herberge herunter. Pilger die mit ihren Füßen Probleme hatten gab es zu genüge. Das sollte ich auch noch feststellen. Zum Glück nicht bei mir.

Die Zweite war eine Zen Meisterin aus Deutschland. Vom Beruf her war sie Physiotherapeutin und hatte schon so manchem Pilger wieder auf den Weg geholfen. Sie war schon vor mir da.

Nachdem wir uns vorgestellt hatten saßen wir gemeinsam im Garten unter einem Baum im Schatten, als der junge Australier ganz langsam seine Wanderschuhe abstreifte. Dabei verzog er schmerzverzerrt sein Gesicht. Was ich dann sah verschlug mir den Atem. Ich hatte in meinem Leben schon sehr viele schwere Verletzungen gesehen, doch das hier war besonders schlimm. Seine Füße waren dick mit blutdurchtränktem Toilettenpapier umschlossen. Er wickelte das Papier in Fetzen ab und zum Vorschein kamen zahlreiche offene Stellen, Hautfetzen und Blasen mit eitrigen und blutigen Wunden. Er musste unglaubliche Schmerzen beim Laufen haben. Ich sagte, dass er sofort damit zum Arzt müsse. Doch er verneinte das. Er hätte keine Krankenversicherung und seine Geldmittel wären fast aufgebraucht. Er übernachtete fast immer in Klöstern, wo die Übernachtung und das Essen nichts kosten würde. Ich war etwas entsetzt. Ich hatte meine Reise ja auch angetreten ohne eine Vorausbuchung der Herbergen. Aber Krankenversicherung und ausreichend Geldmittel hatte ich zur Verfügung. Wir boten ihm an den Arzt zu bezahlen. Das wollte er nicht. Er wollte seinen Pilgerweg so gehen, wie ihn die alten Pilger gegangen sind. Dann beschloss ich schweren Herzens mich als Medicus zu betätigen und ihn zu behandeln. Rechtlich natürlich sehr bedenklich. Hier war Notfallmedizin in einem Ausnahmezustand erforderlich. Ich hatte einmal eine Ausbildung gemacht dort medizinisch zu handeln, wo definitiv kein Arzt zur Verfügung steht. Die Physiotherapeutin wollte mir helfen aber selbst nicht an den Wunden arbeiten. Damit war er einverstanden. Ich hatte ein gutes Verbandspäckchen mit allerlei Inhalt dabei. Das konnten wir nun gut gebrauchen. Ich schickte ihn erst mal unter die Dusche um die Füße gründlich zu reinigen. Danach entfernte ich mit Schere, Skalpell und Pinzette die losen Hautstellen. Das Besteck hatte ich natürlich zuvor ordnungsgemäß desinfiziert. Der Eiter, das Blut und die Toilettenpapierreste waren glücklicherweise größtenteils beim

Duschen weggespült worden. Mit Desinfektionsmittel und Tupfern reinigte ich die Wunden, was bei ihm große Schmerzen verursachte. Die Physiotherapeutin hielt ihn im Arm und sprach ihm gut zu. Ihm liefen zwar die Tränen die Wangen herunter, aber man merkte, dass er sehr dankbar für die Behandlung war. Mit Wundauflagen und Mullbinden verband ich die Füße und es ging ihm schnell besser.

Mittlerweile waren auch die anderen Mitbewohner hinzugekommen. Mir kam spontan die Idee, dass ich meinen Geburtstag ja mit ihnen gemeinsam hier im Garten an der Hütte feiern könnte. Alle waren begeistert und gratulierten mir nachträglich. So ging ich zurück in die Stadt, besorgte einige Flaschen Wein, Brot, Oliven, Serano Schinken, Chorizo Wurst und Käse.

Als ich zurückkam, lag der Australier mit seinen weiß verbundenen Füßen auf der Wiese und sah sehr glücklich und etwas verklärt aus. Ich hatte ihm allerdings auch ein gut dosiertes entzündungshemmendes Schmerzmittel gegeben.

Die Zen Meisterin machte den Vorschlag, dass wir vor dem Abendessen eine gemeinsame Zen Meditation machen könnten. Das wurde natürlich begeistert angenommen. Das hatte ich noch nie gemacht und es war besonders spannend, interessant und auf wunderbare Art entspannend. Sie zeigte uns auch spezielle Fußmassagen, die uns bei unserer weiteren Wanderung sehr nützlich sein könnten.

Es wurde ein wunderschöner Abend und eine meiner schönsten Geburtstagsfeiern, obwohl wir uns nur in Englisch unterhalten konnten. Ich kann gar nicht mehr sagen aus welchem Land die anderen kamen. Es gab da keinen Unterschied der Zugehörigkeit, weder religiös oder politisch, noch von seiner Abstammung her. Alle waren einfach nur Pilger mit dem gleichen Ziel. Vorurteile schmolzen dahin und wir waren alle einfach nur Weltbürger. Ein unglaublich schönes Erlebnis, nicht nur hier, sondern auf dem gesamten Weg. Alle politischen oder religiösen radikalen

Menschen müssten diesen Weg einmal gehen. Für ganz viele würde ich eine Heilung in Aussicht stellen.

Jeder legte nun das was er dabei hatte auf den Tisch und wir tranken, aßen, sangen und erzählten bis spät in die Nacht.

Das laute Schnarchen meiner Bettgenossen und die Hitze machte das Einschlafen zunächst schwierig. Doch die Kombination aus Erschöpfung und Weinkonsum ließ mich irgendwann sehr gut schlafen.

Natürlich war es am Morgen sehr hektisch und beengt in unserer kleinen Behausung. Jeder wollte zuerst ins Bad, oder sein Lager räumen. Das ist natürlich in einem Hotel mit Einzelzimmer ganz anders. Doch diesen Luxus habe ich gegen das Erlebnis des gestrigen Abends gerne ausgetauscht. Ich habe das immer wieder von verschiedenen Pilgern gehört, dass man bei einer Übernachtung im Hotel einfach nicht diese vielen Pilger und deren Schicksale kennenlernt als wenn man in einer Sammelunterkunft mit teilweise fünfzig Leuten ist.

Ich blieb zunächst liegen. Ich hatte ja glücklicherweise keinen Zeitdruck mehr. Mein Rückflugdatum stand fest und ich wollte soweit wandern wie es die Zeit erlaubte. Bis Santiago zu Fuß schaffte ich es eh nicht und musste das letzte Stück sowieso mit dem Bus fahren. Es waren noch rund 200 km. Die Urkunde, die Compostela, konnte ich so zwar nicht erreichen, aber das war ja von Anfang an nicht mein Ziel.

Nachdem die ersten sich schon verabschiedet hatten kroch ich aus meinem Schlafsack, ging ganz entspannt ins Bad und kochte mir danach einen Kaffee in der kleinen Küche. Leider war nichts mehr zu Essen vom Vorabend übriggeblieben. Ich setzte mich nochmal einen Moment auf die Terrasse. Dort saß auch der Australier. Er bedankte sich nochmal für die gute Wundbehandlung und den schönen Abend. Er hatte mit dem Hotel ausgemacht, dass er aufgrund seiner schlimmen Füße eine weitere Nacht hierbleiben dürfe. Ich erinnerte mich an den Anfang meiner Reise als mir die junge Krankenschwester ihre

Notfallsignalpfeife schenkte und sagte, dass ich diese sicher besser als sie selbst gebrauchen könnte. Mein Verbandspäckchen konnte der Australier auch besser als ich gebrauchen. Ich schenkte es ihm und ein paar Scheine dazu. Er wollte es zunächst gar nicht annehmen, doch er merkte schnell wie nützlich ihm diese Gabe war. Wir verabschiedeten uns mit einer innigen Umarmung und dann nahm ich meinen Weg nach Ponferrada auf. Das ist der Camino. Jeder hilft jedem.

Wenn ich nur einen Tag kürzer in meiner letzten Herberge geblieben wäre hätte ich dieses Erlebnis nicht gehabt und hätte auch diese Leute nicht kennengelernt. Ist das Schicksal, Fügung oder einfach nur Zufall?

06.06.2016

An der Hauptstraße entlang auf dem Bürgersteig ging der Jakobsweg aus der Stadt hinaus. Es war schon am Morgen wieder sehr warm, obwohl es bewölkt war. Nun fielen auch die ersten Regentropfen. Das erste Mal auf meinem Pilgerweg in Spanien. Doch das brachte keine Abkühlung, sondern ganz im Gegenteil. Bei dieser hohen Luftfeuchtigkeit wurde es regelrecht tropisch heiß. Mir lief der Schweiß den Rücken runter und von der Dusche, die nicht mal eine Stunde her war merkte ich nichts mehr. Obwohl ich der Meinung war, dass es jetzt ja nur noch bergab gehen kann, stieg der wieder Weg doch wieder an. Das machte es doppelt so schwer für mich. Irgendwie war aber mittlerweile jeder kleine Hügel ein Berg für mich.

Zum Stadtausgang hin waren immer mehr verlassene wunderschöne, aber teilweise schon sehr zerfallene Häuser zu erkennen. Jedes hatte einen vertrockneten Pool im Garten. Es war sowieso hier alles vertrocknet. Es war erst Juni. Wo sollte das noch im Hochsommer und Herbst hinführen?

Wie immer wurde ich von zahlreichen Pilgern überholt und wir riefen uns freundlich lächelnd das „Buen Camino!" zu. An der Hügelspitze, für mich die Bergspitze, machte ich kurz halt und blickte in das weite Tal. Noch ganz klein, aber sehr deutlich erkannte ich mein heutiges Ziel. Ponferrada.

Eine Stadt mit einer der letzten noch gut erhaltenen Templerburgen in Nordspanien. Mir fällt das Wandern immer relativ leicht, wenn ich mein Ziel vor Augen habe. So ging ich für meine Verhältnisse schnellen Schrittes den Berg hinab. Laut Wegweiser waren es nur rund 8 km an der Straße entlang. Doch der Camino machte eine recht große Schleife durch den Vorort, Industriegebiet und Vorgärten. Ich wollte auch nicht abkürzen. Dafür hatte ich mittlerweile schon zu viel auf dem Camino erlebt und zu viele liebe und interessante Menschen kennengelernt, dass ich vielleicht was verpassen könnte. In der Tat passierte wieder etwas. Mittlerweile hatte es aufgehört zu regnen. Auf einer Mauer einer stillgelegten Industrieanlage machte ich kurz halt um was zu trinken. Plötzlich nahm ich einen sehr intensiven Verwesungsgeruch wahr. Ich drehte mich um und sah den völlig verwesten Kadaver eines großen Hundes hinter mir. Sofort machte ich mich wieder auf den Weg atmete vielmals tief ein und aus um den ekelhaften Geruch aus der Nase zu bekommen. Für ein Foto von diesem Objekt ließ ich mir natürlich Zeit. Ich ging einige hundert Meter weiter. An dem Tor einer großen Villa hielt ich an, legte meinen schweren Rucksack ab und setzte mich auf einen dicken bequemen Stein. Die Villa war von einem großen undurchsichtigen Zaun umgeben. Plötzlich öffnete sich die Tür und eine ältere Señora mit einem großen Hund kam heraus. Ich ging jetzt fest davon aus, dass sie mich als eine Art Wegelagerer vertreiben wollte. Noch bevor ich sie begrüßen konnte brach ein Schwall spanischer Worte aus ihr hervor. Der Hund schaute sehr freundlich, doch ich bewegte mich sicherheitshalber nicht. Ich verstand nur die Worte „Camino" und „Peregrino", also Jakobsweg und Pilger. Ich nickte und sagte auf Spanisch, dass ich aus Deutschland komme. Sie lachte freundlich und sprach schnell weiter. Ich verstand kein Wort. Das tat mir so leid. Wie schön wäre es gewesen sich mit der alten, netten Frau unterhalten zu können. Ich war leider schon in der Schule eher der wissenschaftliche Typ. Biologie, Chemie, Physik und Medizin waren meine Fächer. Mit Sprachen, sei es Englisch, Französisch oder Latein, hatte ich schon immer große Probleme. Nachdem die liebe Frau einiges erzählt hatte reiche sie mir eine Flasche mit kaltem Wasser und eine kleine Plastikschale mit köstlichen Oliven. Nachdem auch der Hund mich ausreichend beschnüffelt und die Señora mir ein „Buen Camino!" zu gerufen hatte, verschwanden beide wieder hinter dem großen Tor. Ich konnte natürlich nicht widerstehen und aß alle Oliven sogleich auf. Das kalte Wasser schmeckte herrlich dazu. Und wieder einmal konnte ich mir nicht vorstellen, dass das einem ausländischen Wanderer in Deutschland passieren würde.

Mein Weg führte mich über eine staubige kleine Straße an einem verlassenen Kloster vorbei. Von hier aus gab es wieder einen herrlichen Ausblick auf das südlich von mir befindliche Bergmassiv. Es war das schneebedeckte Bergmassiv, was ich bei meinem Halt in Ponferrada gesehen hatte und ich Angst bekam, dass ich dieses eventuell besteigen müsste. Während ich weiterlief dachte ich an die alte Frau. Wenn ich den leichten, den kürzeren Weg in die Stadt gegangen wäre, so hätte ich nie die liebe Frau mit ihrem Hund kennengelernt, ich hätte nie die köstlichen Oliven gekostet und das kühle erfrischende Wasser probiert. Der Camino ist unglaublich und voller kleiner Wunder. Es waren nun nur noch wenige hundert Meter und ich war wieder in der Zivilisation. Ich kam an einem Kloster vorbei und überlegte kurz, ob ich hier als Pilger einziehen und übernachten sollte. Doch ich wollte am nächsten Tag eher etwas länger schlafen und das ist in Klöstern nicht möglich. Da geht es sehr diszipliniert zu. Doch alle Pilger die ich auf meiner Reise traf sprachen immer nur sehr gut von den Mönchen. Niemals sahen sie einen Pilger als Schmarotzer an, weil bei ihnen die Übernachtung nichts kostete und man höchstens eine Spende erwartete. So gab es eben auch wohlhabende Pilger die mal ein ganzes Bündel Scheine übergaben. So glich sich alles aus.

An einem Hang hatte die Stadt zur Begrüßung ihrer Gäste den Schriftzug Ponferrada mit Blumen gepflanzt. Das war sehr schön. Ich ging noch einige Meter weiter und kam zu einem besonderen Punkt. Hier kreuzten sich mehrere Jakobswege. Einer kam von Süden aus Portugal und einer von Norden von der Nordküste Spaniens. Fast genau an dieser Stelle war auch eine schöne Herberge. Hier fragte ich nach einem freien Bett für die Nacht. In einem Siebenbettzimmer war noch eines frei. Ein Siebenbettzimmer dachte ich? Das ist ja seltsam. Doch es waren drei Stockbetten und ein Einzelbett. Was war das für ein Glück, dieses Einzelbett wurde mir zugeteilt.

In den Stockbetten ruhten schon ein paar Pilgerinnen und Pilger. Ich stellte mich vor und bemerkte, dass wir eine sehr internationale Truppe waren. An vier von ihnen kann ich mich noch sehr genau erinnern. Der eine war ein Australier. Er war zwar deutlich kleiner als ich, doch ungewöhnlich muskulös und durchtrainiert. Einer war ein holländischer Radpilger, eher klein, hager und etwas drahtig mit einer runden Brille. Er sollte uns am nächsten Morgen noch so einiges Ungemach bereiten. Die anderen waren zwei Pilgerinnen die eine echte Augenweide für mich waren. Die eine kam aus Südkorea. Im Gegensatz zu den normalerweise eher kleinen Koreanerinnen war sie hochgewachsen und hatte ganz ebenmäßige Gesichtszüge. Die zweite Pilgerin war aus Köln. So konnte ich zum Glück mal wieder deutsch reden. Auch sie sah sehr gut aus. Sie hatte gerade ihr Jurastudium beendet und wollte, bevor sich in die Kanzlei ihres Vaters stürzt, den Jakobsweg laufen. Beide waren unglaublich nett und weltoffen. Sie strahlten eine so starke Zuversicht und positive Lebensweise aus, dass ich mich in der Nähe der beiden sehr wohl fühlte. Ich erzählte die Geschichte von meiner Schwester. Die Kölnerin sagte spontan, dass sie für meine Schwester am Grab des heiligen Jakobus beten würde. Sie hätte bis jetzt noch nichts gefunden was sie am Grab vortragen wolle. Nun aber hatte sie außer der Compostela ein Ziel in Santiago. Die Koreanerin zog, während wir uns unterhielten, ihre Wanderschuhe aus. Was ich da sah erschrak mich ähnlich wie das was ich am Vortag in Molinaseca bei dem Australier erblickte. So lieblich die Koreanerin auch war, so schlimm sahen ihre Füße aus. Sie waren mit Narben, Wunden und Blasen übersät. An fast jedem Quadratzentimeter des Fußes klebten Pflaster oder ein Tape. Ich sagte ihr, dass sie damit zum Arzt müsse. Doch sie lächelte und sagte, dass sie Krankenschwester sei und eine chirurgische Fachausbildung hätte. Sie packte daraufhin ihr Chirurgisches Besteck aus, welches deutlich umfangreicher als meines war. Sie desinfizierte ihre Instrumente und fing dann an, an sich herum zu operieren. Dabei verzog sie keine Miene. Sie legte eine wahrscheinlich selbstgemachte Salbe aus einem Tiegel auf, legte ein paar Pflaster an und schon war sie fertig. Die Kölnerin und ich sahen ihr dabei fasziniert dabei zu.

Die Kölnerin erzählte, dass sie noch einen Tag länger in Ponferrada bleiben würde, da sie sich mit einer Freundin verabredet hatte, die den Jakobsweg von Portugal aus genommen hatte. Von hier an wollten sie gemeinsam nach

Santiago de Compostela gehen. Ich staunte nur und dachte wie toll das alles hier ist. Die von mir oft verteufelte Mobilfunktechnik machte das spielend möglich, da man sich zu jeder Zeit und jedem Ort, mal die Funklöcher außen vorgelassen, verabreden konnte. Nachdem wir in der Herberge noch gemeinsam ein Glas Wein getrunken hatten, machte ich mich auf den

Weg zur Templerburg. Die wollte ich unbedingt sehen. In Ponferrada wird das Erbe der Templer sehr hoch gehalten. Jedes Jahr gibt es zu Ehren dieser Ritter ein Fest. Hier befindet sich auch eine sehr gut erhaltene und umfangreiche Bibliothek der Templer. Aufgrund der Öffnung der katholischen Kirche und des neuen Papstes Franziskus war es der Stadtverwaltung von Ponferrada möglich Verhörprotokolle der Inquisition aus Rom zu bekommen, die darlegten, welches Unrecht den Templern angetan wurde.

Die Templer waren für heutige Verhältnisse extrem weit vorausdenkend. Sie hatten einen bargeldlosen Finanzverkehr organisiert, der über die damals gültige Welt funktionierte. Nicht nur religiöse Bücher waren in ihren Bibliotheken zu finden, sondern auch ganz besonders viele Bücher der Wissenschaften, die aber durch die katholische Kirche auf dem Index standen, also verbotene Bücher waren. Die Templer aber standen für die Aufklärung. Jeder Mensch sollte lesen und schreiben können und die gleichen Chancen wie alle haben Wissen zu erlangen. Diese Bücher sind heute noch in der Bibliothek der Templerburg in Ponferrada zu besichtigen. Es gibt Historiker die davon ausgehen, dass das uralte Wissen der Pyramiden Baumeister, über viele Umwege an die Tempelritter, nach ihrer Vernichtung an die Dombaumeister und Steinmetzbruderschaften weitergegeben wurden und sich letztendlich bei den Freimaurern manifestierte.

Das machte es für mich besonders spannend gerade diese Burg zu besuchen.

Die Templerburg, das Castillo de Ponferrada, ist eine wunderschöne, mittelalterliche und weitläufige Anlage mit vielen Zinnen oberhalb des Rio Sil. Sie hat den Grundriss eines unregelmäßigen Mehrecks und stammt aus dem 12. Jahrhundert. Ein Großteil der Burg sollte für einen Fußballplatz gesprengt werden. Zum Glück wurde das nach den ersten kleineren

Sprengungen verboten bevor allzu großer Schaden angerichtet war.

Die Beschreibung der schönen Burg wäre einen eigenen Aufsatz wert. Was mich persönlich sehr beeindruckte, war die umfangreiche Bibliothek der Templer, in der ich mich auch lange aufhielt. Sie ist eine der größten Sammlungen aus dieser Zeit. Ich war begeistert von den außergewöhnlichen handwerklichen und künstlerischen Arbeiten. Jede einzelne Seite der Bücher war gemalt. Was musste das für eine Arbeit gewesen sein? Es gab auch kein „TippEx" oder die Möglichkeit ein falsch geschriebenes Wort elektronisch zu löschen. Ein kleiner Fehler und die Arbeit eines ganzen Tages waren dahin. Ich verlor mich regelrecht in der Zeit. Plötzlich stand ein kleiner alter Mann neben mir. Er sprach mich auf Deutsch an und sagte, dass die Templer etwas ganz Besonderes waren. Sie hätten unglaublich moderne Ansichten gehabt, die zu ihrer Zeit fast schon als teuflisch angesehen wurden. Sie entwickelten auch ein zu dieser Zeit in der alten Welt noch nie dagewesenes Zahlungswesen. Er stellte auch die Verbindung von den Templern mit den Freimaurern her und glänzte mit unglaublichem Fachwissen. Wir unterhielten uns eine geraume Zeit. Zum Abschluss sagte er mir, dass ich mich mit den Templern beschäftigen sollte. Es wäre mir nicht zum Nachteil. Dann verschwand er ohne sich zu verabschieden. Das machte mich zwar nachdenklich, gleichzeitig aber regelrecht euphorisch. Ich war begeistert was ich hier alles erlebte. Kein Urlaub war damit vergleichbar. Mir aber wurde mittlerweile längst klar, dass der Pilgerweg nicht ein normaler Urlaub für mich war, sondern ein ganz wichtiger Bestandteil in meinem Leben darstellte. Der Camino verändert deine Ansichten und dein Leben.

Nachdem ich die Burg verlassen hatte ging ich noch ein ganzes Stück am Rio Sil, dem Fluss der durch Ponferrada fließt, entlang und ließ nochmal die Besichtigung der Burg und die Aussage des kleinen alten Mannes auf mich wirken. Was meinte er damit, dass ich mich mit den Templern beschäftigen sollte?
An einer schönen Taverne kehrte ich ein, bestellte das obligatorische Pilgermenü und genoss dabei den leckeren spanischen Wein. Es wurde langsam dunkel und ich ging wieder in Richtung meiner Herberge. Als ich dort ankam saßen da schon die Koreanerin, die Kölnerin, der Australier und ein paar weitere Pilger, die nicht aus unserem Zimmer waren zusammen und tranken Wein. Ich holte an der Theke zwei weitere Flaschen Wein und setzte mich zu ihnen. Ich wurde sehr freudig empfangen. Ich kann aber nicht sagen, ob es an mir lag, oder an den Weinflaschen die ich auf den Tisch stellte. Wir leerten noch so einige Flaschen diesen Abend. Jeder erzählte von seinen Erlebnissen. Besonders interessant fand ich aber ein Gespräch vom Nebentisch. Ein Pfarrer erzählte, warum er den Jakobsweg gehen würde. Er war mit seiner Frau und seinen Eltern in Paris um Urlaub zu machen. Es war der 13. November 2015. Genau

der Zeitpunkt des großen islamistischen Terroranschlages. Er war mit seiner Familie mittendrin. Es gab fast 140 Tote und über 400 Schwerverletzte. Seine Frau und seine Eltern waren sofort tot. Er war schwer verletzt. Um ihn herum ein regelrechtes Blutbad. Noch wenige Minuten vorher waren sie mit vielen anderen entspannt und freudig die Straße entlang geschlendert. Von einer Sekunde zur anderen hatte sich die Welt verändert und es sah es aus wie im Krieg. Tote, Verletzte, schreiende und verletzte Menschen. Und überall Blut. Dann wurde er ohnmächtig. Viele Tage später erwachte er im Krankenhaus. Als ihm eröffnet wurde, dass seine Frau, seine Mutter und sein Vater den Anschlag nicht überlebt hatten brach er zusammen. Er war ein sehr gläubiger Mensch gewesen. Doch nun konnte er an den gütigen Gott nicht mehr Glauben. Was ist das für ein Gott der dieses Grauen zulässt? Es dauerte noch einige Wochen nach seiner Genesung bis er sich entschied den Jakobsweg zu pilgern. Hier wollte er Gott wiederfinden, oder ihm für alle Zeit den Rücken zu kehren. Obwohl er nun die Hälfte des Weges hinter sich hatte, war er sich noch nicht seiner Gefühle sicher. Zu tief war sein Schmerz. Die Geschichte bewegte mich sehr.

Der Wein zeigte bei allen Wirkungen und wir machten uns nach und nach auf unser Zimmer. Nachdem wir uns in unsere Schlafsäcke verkrochen hatten schliefen wir alle recht schnell ein. Ich bemerkte noch wie der holländische Radpilger als letzter ins Zimmer kam, ganz akribisch seine Sachen ordnete und dann auch ins Bett stieg. Ich schlief dann auch irgendwann ein. Ich wurde einige Male wach und hörte das Schnarchen von allen Seiten. Doch ich legte mich auf die Seite und schlief entspannt weiter. Es war ein toller Tag mit vielen Erlebnissen.

Am frühen Morgen, ich kann die Uhrzeit nicht mehr sagen, wurde ich durch das rege Treiben im Zimmer wach. Der Australier und der Holländer waren schon fast fertig ausgerüstet. Gerade sah ich wie die Kölnerin und die Koreanerin sich langsam aus ihren Schlafsäcken schälten. Selbst so ganz verschlafen sahen beide sehr attraktiv aus.

Plötzlich baute sich der Holländer vor der Kölnerin auf. Er stand dabei ganz aufrecht mit nach oben ausgestrecktem Arm, heruntergezogenen Mundwinkeln, erhobenem Zeigefinger und brüllte sie regelrecht an. Er sprach auf Englisch und mit intensivem holländischem Akzent. „Du hast die ganze Nacht geschnarcht", brüllte er. Die Kölnerin war sprachlos. Und nicht nur sie. Ganz verschlafen noch fragte die Koreanerin was los wäre. Sie lag im Stockbett unter der Kölnerin. Der Holländer beugte sich nach unten und kam mit seinem knochigen Zeigefinger fast auf die Nase der Koreanerin. Dabei brüllte er, dass auch sie die ganze Nacht geschnarcht hätte. Ich rief ihm zu, dass er sich beruhigen sollte. Er drehte sich zu mir um und brüllte mich an, dass auch ich geschnarcht hätte. Er war dabei wie ein Inquisitor bei einer Hexenanklage und blickte dabei so unglaublich böse drein. Ich sagte ihm ganz ruhig, dass das schon sein könne, dass ich geschnarcht hätte. Auch ich hatte ihn nachts gehört. Aber der Australier machte es rund. Er baute sich vor ihm auf und fragte ihn, was er wolle. Auch er, der Holländer, hätte die ganze Nacht geschnarcht. Der Holländer wich zurück als würde der Teufel vor ihm stehen. Er streckte beide Hände abwehrend aus und schrie, dass er niemals schnarchen würde. Sofort legte ich nach und sagte, dass ich ihn auch die Nacht gehört hätte. Die beiden Pilgerinnen unterstützen mich gerne bei meiner Aussage. Der Australier beschwichtigte noch und sagte, dass das doch passieren kann und nicht so schlimm sei. Aber für den Holländer war es wohl eine absolute Todsünde, dass er schnarchen würde. Er raffte schnell seine Sachen zusammen und verschwand ohne sich zu verabschieden. Wir lachten gemeinsam und waren uns einig, dass wir auf unserer Pilgerreise noch nie einen solchen negativen Menschen gesehen hatten. Ich habe auf meiner Reise einige holländische Pilger getroffen. Außer ihm waren es aber alles ganz liebe Menschen gewesen.

07.06.2016

Unser karges Frühstück bestand aus Kaffee und einem Toast mit Marmelade. Die Koreanerin fragte mich, ob wir ein Stück des Weges gemeinsam gehen wollen. Das taten wir dann auch. Diese Tagesetappe sollte meine Längste werden. Gut 20 km in sengender Sonne. Wir verabschiedeten uns von den anderen und die Koreanerin legte mit ihren langen Beinen ein ziemliches Tempo vor. Als sie merkte, dass ich immer ein paar Schritte hinter ihr fauchend wie eine Dampflok folgte, verminderte sie ihre Geschwindigkeit. Auf dem Camino hat jeder sein eigenes Tempo. Wir unterhielten uns über Gott und die Welt, Politik und Familie und über andere Pilger. Nachdem wir schon bestimmt vier Kilometer zusammen gegangen und längst aus Ponferrada heraus waren, trennten sich unsere Wege, nicht ohne noch ausreichend über den holländischen Fahrradpilger gelästert zu haben. Wir umarmten uns ganz intensiv und hofften uns irgendwann im Leben einmal wiederzusehen.

Mein nächstes Ziel war Villafranca del Bierzo. Diese Stadt hat auf dem Jakobsweg eine ganz besondere historische Bedeutung. Es ist eine Stadt in der Provinz Leon und liegt am Fuß der Sierra d`Ancares. Aufgrund der guten klimatischen Einflüsse, es gibt hier viel Sonne aber auch ausreichend Regen, wächst hier meiner Meinung nach der beste Wein Spaniens.
Die Besonderheit an diesem Ort war, dass hier Pilger die zu krank oder schwach waren den Weg nach Santiago de Compostela durchzustehen, auch hier ihre Absolution, also die Freisprechung von Sünden, durch die katholischen Kirche erhalten konnten. Sie wurde als gleichwertig wie die in Santiago angesehen. In dieser Gegend gab es früher mehrere Hospitäler. Viele tragen heute noch als Bestandteil des Ortsnamens die Bezeichnung „Hospital" voran.

Diese Stadt wollte ich unbedingt noch sehen, bevor ich wieder in den Bus stieg und dann über Santiago den Heimflug antrat.

Nachdem ich die wenig schöne Vorstadt verlassen hatte führte mich ein gut begehbarer Weg wieder leicht bergauf. Bergauf mag ich gar nicht, zumal es schon wieder immer heißer wurde. Ich zog meinen Hut tief ins Gesicht, damit er mich vor der Sonne schützte, aber zugleich auch den reichlich laufenden Schweiß aufsaugte. Obwohl ich mich langsam an das Gewicht des Rucksacks gewöhnt hatte, spürte ich ihn bei jedem Schritt. Ich kam durch kleine Ortschaften und links und rechts von mir erschienen immer mehr Weinberge. Diese Etappe fiel mir wieder sehr schwer. Ein langes Stück ging ich auch die Landstraße entlang, um allzu große Aufstiege zu umgehen. Das war landschaftlich zwar nicht so toll, aber einfacher zu gehen. Ich war mittlerweile ziemlich ausgepowert. Das lag hauptsächlich an meinem schlechten Trainingszustand. Aber ich hatte das Abenteuer gewagt und war schon etwas stolz auf mich.

Um die Mittagszeit, nach etwa zweidrittel der Strecke, machte ich in einer Taverne halt. Trotz der Hitze hatte ich Hunger. Ich aß ein leckeres Bocadillo mit Schinken, Oliven und trank ein kaltes Bier dazu. An den Nebentisch setzte sich ein Pilgerpärchen in meinem Alter. Sie trug einen relativ kleinen Tagesrucksack und er einen sehr großen Wanderrucksack mit Brust- und Bauchgurt. Die Rucksäcke hatten sie neben sich gestellt und tranken beide genüsslich ein großes Bier. Wir begrüßten uns und sie sprachen beide recht gut deutsch. Sie kamen aus Belgien und gingen schon seit ein paar Jahren den Jakobsweg in Etappen. Immer ca. 14 Tage. Auch dieses Jahr würden sie es nicht schaffen Santiago de Compostela in der vorgeschriebenen Form zu erreichen. Nächstes Jahr würde es bestimmt klappen. Er stand auf, wollte zur Toilette gehen und trat dann unbeabsichtigt mit seinen schweren Wanderstiefeln auf den Verschluss seines Bauchgurtes. Dieses Kunststoffteil zerbrach dann auch sofort in viele Einzelteile. Das war echt schlimm. Ein schwerer Rucksack ist dauerhaft nicht ohne Bauchgurt tragbar. Das war jetzt ein riesiges Problem. In diesem kleinen Ort gab es weder einen Sattler, noch einen Schuster und schon gar kein Sportgeschäft was in irgendeiner Form hilfreich sein konnte. Die beiden waren ziemlich verzweifelt. Da fiel mir ein, dass ich ein paar Kabelbinder eingepackt hatte. Ich holte einen aus meinem Rucksack und zeigte ihn den Belgiern. Der Mann war sofort begeistert, doch seine Frau blickte sehr skeptisch drein. Der Belgier zog seinen Rucksack auf und ich befestigte den Kabelbinder durch die verbliebenen Reste des Verschlusses. Der Rucksack hielt super gut. Wir waren begeistert und ein paar Pilger die uns zusahen klatschten sogar. Die Frau war immer noch skeptisch. Was denn nun wäre, wenn er den Rucksack wieder ausziehen wolle, gab sie zu bedenken? Da hatte sie recht. Wir schauten uns etwas verdutzt an. Der Kabelbinder war nur einmal verwendbar, oder der Belgier musste sich wie eine Schlange aus der Haut schälen. Ich sagte ihnen, dass in Villafranca sicher ein Sattler sei, der ihnen weiterhelfen könne. Zur Sicherheit gab ich ihnen meine beiden letzten Kabelbinder auch noch mit. Damit konnten sie sich eine Zeit weiter behelfen. Auf dem Camino hilft jeder jedem.

Am Nachmittag wurde es immer heißer. Ich hatte den Eindruck, dass die Sohle an meinen guten Wanderschuhen schmelzen würde. Überall in den von der Sonne verbrannten Wiesen waren Störche zu sehen. Was wollten die da fressen? Anscheinend funktionierte es aber. Gegen 17:00 Uhr erreichte ich völlig erschöpft Villafranca. Auf dem Thermometer einer Bank wurden 43°C angezeigt. Meine Wasservorräte waren komplett aufgebraucht. An einem Pilgerbrunnen trank ich erst mal ausgiebig und kühlte mir Kopf und Hände ab. Dann füllte ich meinen Hut mit Wasser und goss ihn über mich. Das tat so gut. Ich suchte nun die Touristikinformation auf und frage, wo ich hier in einer Herberge noch ein Bett bekommen könne. Nur wenige Meter weiter war ein großes altes Kloster. Es nannte sich Iglesia de Nicolas. Dort waren noch Betten frei. Freudig machte ich mich auf den Weg. Eine freundliche Señorita an der Rezeption machte mir einen schönen Stempel in meinen Pilgerpass und wies mir ein Zimmer zu. Es war eine riesige Herberge mit einem sehr großen Kreuzgang. Mönche gab es aber nicht mehr. Das Zimmer teilte ich mit sechs anderen. Diesmal waren es aber alles Einzelbetten und die dicken Klostermauern hielten die starke Hitze etwas ab. Ich stellte Stöcke und den Rucksack in die Ecke und setzte mich auf mein Bett. Ich zog die schweren Wanderstiefel aus. Ganz vorsichtig. Und danach besonders vorsichtig die Strümpfe. Als ich dann die nackten Füße auf die kalten Bodenfliesen stellte hatte ich den Eindruck, dass es zischen würde. Ich verharrte so eine Weile. Das tat so gut. Irgendwie war jede Etappe schlimm. Aber diese hatte es aufgrund der Temperatur besonders in sich. Zum Glück ging es nicht so steil bergauf und bergab. Einer meiner Zimmergenossen lag schon laut schnarchend auf dem Rücken. Nach einer sehr ausgiebigen Dusche wollte ich nun das alte Kloster und die Stadt noch etwas erkunden. Vor allem interessierte mich jetzt das gute Essen. Viele Pilger die ich traf, die diese Reise schon mehrmals unternommen hatten, empfahlen mir den köstlichen Wein aus dem Bierzo und den „Pulpo Gallego", den Kraken auf galizische Art, zu probieren.

Das tat ich dann auch. Ich suchte mir eine schöne Taverne aus, von der ich den ganzen Marktplatz überschauen konnte. Traditionell wird der Krake gekocht, mit der Schere zerschnitten und auf einem Holzbrett serviert. Er wird dann nur noch mit

grobem Meersalz und gutem Olivenöl beträufelt. Dazu gibt es frisches Weißbrot, Kartoffeln und meist eiskalten Rotwein. Das wollte ich probieren und bestellte es. Es gab wirklich eine ganze Flasche Rotwein dazu. Die Bedienung konnte recht gut deutsch sprechen. Ich sprach sie auf den Rotwein und dessen Temperatur an. Sie lachte und sagte: "Ihr Deutschen, ihr meint man müsste den Rotwein bei Zimmertemperatur trinken. Wir in Galizien mögen ihn kalt!" Sie hatte recht, er schmeckte ganz hervorragend und er wurde im Mund sowieso schnell warm. Genau so lecker war auch der „Pulpo Gallego". Es ist zwar für den einen oder anderen etwas gruselig dieses Gericht zu essen, man spürt deutlich die Saugnäpfe an den Fangarmen des Kraken auf der Zunge, doch geschmacklich war er hervorragend. Gut gesättigt und leicht beschwipst sah ich mir noch die nähere Umgebung an und machte ein paar Fotos.

Villafranca war für mich die schönste Stadt auf meinem kleinen Jakobsweg. Es gab so viele schmale verträumte Gässchen mit alten Häuser und kleinen vorgebauten Balkonen. Die Straßen waren so eng, dass Omnibusse nicht in das Zentrum der Altstadt fahren konnten. Die wichtigsten Kirchen wollte ich mir am nächsten Tag ansehen. Selbst nach 20 Uhr betrug die Temperatur noch 37°C und ich hätte einige Treppen steigen und steile Straßen erklimmen müssen. Dazu war ich zu fertig.

Als ich in mein Zimmer kam waren schon alle Betten mit männlichen und weiblichen Pilgern belegt. Ich kroch in meinen Schafsack und schlief schnell ein. Sehr oft wurde ich durch lautes schnarchen oder stöhnen oder sogar lautes sprechen im Schlaf aufgeweckt. Mit einem Schmunzeln auf den Lippen und in Gedanken an dieses schon fast unbeschreibliche Erlebnis schlief ich aber immer wieder schnell ein. Niemals wollte ich diese Erfahrungen in den Herbergen mit einem Hotelzimmer tauschen.

08.06.16

Am nächsten Morgen packte ich meinen Rucksack und konnte ihn in einem Nebenzimmer der Herberge abstellen. So konnte ich die Stadt ohne den schweren Rucksack erkunden. Hier in Villafranca war ja auch meine Wanderreise zu Ende. Etwas betrübt musste ich feststellen, dass meine knappe Pilgerzeit abgelaufen war. Heute Nachmittag würde mein Bus nach Santiago de Compostela fahren. Die Stadt Villafranca sollte mein krönender Abschluss der Spanienreise sein. Zumindest wenn es um das Wandern ging. Mit reichlich Sehnsucht blickte ich auf die letzten Tage zurück. Ich hatte so viel erlebt und es war eben nicht nur „Steine ablegen und wieder nach Hause gehen". Mit mir ist wirklich etwas passiert und mit jedem Schritt war meine kranke Schwester in Gedanken bei mir.
Aber ich hatte ja noch gut einen halben Tag zur Verfügung. Gerade Villafranca bot jede Menge Gelegenheiten die Zeit zu nutzen. Leider waren fast alle Kirchen geschlossen. Doch auch von außen waren sie sehr prächtig.

Ich fing mit der wichtigsten Kirche an.
Es handelte sich um die Iglesia de Santiago. Sie steht auf einem Berghang.

Die Pilger im Mittelalter nannten Villafranca del Bierzo auch das „Kleine Compostela". Denn hier in dieser Kirche war es möglich, wenn man zu krank oder schwach für den weiteren beschwerlichen Pilgerweg nach Santiago de Compostela war, die gleiche Absolution wie dort zu erhalten. Man musste dafür die „Puerta del Perdon", die Gnadenpforte, durchschreiten. Noch heute wird die Pforte an ganz besonderen kirchlichen Feiertagen geöffnet. Leider war auch diese Kirche geschlossen. Doch ich verweilte einige Zeit auf der Treppe zu diesem Portal schloss die Augen und versuchte mir vorzustellen wie hier im frühen Mittelalter lange Reihen an Pilgern standen. Ich stellte mir die Gerüche der Pilger in

ihrer ungewaschenen Kleidung vor, die nicht wie ich eine regelmäßige Dusche nehmen konnten. Sicher bekamen sie auch nicht wie ich ein leckeres Pilgermenü mit kaltem Wein. Betend, kniend, mit Gaben in den Händen und gottesfürchtig beschritten sie ihren Weg. Ohne zu wissen wie es nach der Ankunft in Santiago weiter geht. Auf mich wartete ein Flugzeug was mich sicher in meine Heimat brachte. Diese Pilger mussten den gleichen Weg über Monate und Jahre zurück in die Heimat zu Fuß gehen. Das beeindruckte mich sehr. Diese Eindrücke ließen mich ganz schnell zu meinen Wurzeln zurückkehren und feststellen wie gut es mir doch geht. Die persönlichen Probleme wurden dann ganz klein. Sicher wurden auch einige Pilger die gar nicht mehr laufen konnten mit Tragen durch die Pforte gebracht. Welch unglaublichen Schicksale und Szenen mussten sich hier zugetragen haben?
Dann öffnete ich meine Augen wieder.

Hinter der Kirche lag ein Friedhof. Ich versuche mir in jedem Land was ich bereiste die Friedhöfe anzusehen. Jedes Land hat seine eigene Bestattungskultur. Das ist sehr beeindruckend und spannend. In diesem Friedhof bestanden die Gräber überwiegend aus Mausoleen und übergroßen Sarkophagen. Alle waren liebevoll gepflegt. Kein einziges Grab war vernachlässigt. Von hier aus hatte ich auch wieder einen wunderbaren Ausblick auf das Tal und die prächtigen Weinberge.
Mein Weg führte mich zurück in die Stadt. Dabei kam ich an einem riesigen trutzburgartigen Gebäude vorbei. Das Castillo hatten den Namen Palacio de los Marqueses. Es hatte mächtige Türme mit sehr starken Mauern. Leider konnte man hier nicht rein. Früher war es der Burgpalast der Markgrafen von Villafranca.
Ich ging weiter den Berg hinunter in die Stadt. Doch meine Schritte wurden immer langsamer. Bald war meine Pilgerreise vorbei. Das realisierte ich immer deutlicher. Ich setzte mich noch

einmal in eine schöne kleine Taverne, aß und trank noch eine Kleinigkeit. Tief zog ich die klare warme mediterrane Luft in mir auf. Hier wollte ich auf jeden Fall nochmal herkommen.

Die Bushaltestelle lag ja wie gesagt außerhalb der Stadt. Auf dem Weg dahin kam ich an dem größten Jakobsweg Wegweiser vorbei den ich auf meiner Strecke gesehen hatte. Eine ganze Verkehrsinsel zeigte den richtigen Weg nach Santiago de Compostela.

Mein Weg führte mich an alten stillgelegten Industrieanlagen vorbei. Auf den hohen Schornsteinen hatten Störche ihre Nester bezogen und waren anscheinend am Brüten.

Nach etwa einem Kilometer außerhalb der Stadt war die Bushaltestation. Von außen sah es so aus, als würde ich mich auf der Route 66 in den USA befinden, wenn nicht links und rechts von mir die Weinberge gelegen hätten. In der Station selbst sah es nicht so sehr ansprechend aus. An den Wänden hingen einige Spielautomaten. Hinter der Theke stand ein etwas gelangweilter Wirt. Ich fragte ihn, ob der Bus nach Santiago pünktlich kommen würde. Er sagte, dass man das nicht sagen könne. Mal käme er pünktlich, mal verspätet, mal sehr verspätet und manchmal gar nicht. Das waren ja Aussichten. Aber ich hatte ja noch genug Puffer bis zu meinem Abflug. Mein persönliches Sicherheitsbedürfnis hatte ich noch nicht abgelegt und bei meiner Reiseplanung Verspätungszeiten eingeplant.

Ich ging nach draußen und traf dort zwei Frauen. Sie waren Schwestern die auch auf den jetzt schon verspäteten Bus warteten. Sie kamen aus Kalifornien. Eine von ihnen hatte eine schwere Krebserkrankung hinter sich und galt nun als geheilt. Beide pilgerten den Weg zum Dank für die Heilung. Auch ihnen kam es nicht darauf an die Compostela, also die Urkunde, zu erlangen. Der Weg war das Ziel. Nachdem sie erkannten, dass mein Englisch nicht das Beste war und sie dann sehr langsam mit mir sprachen, unterhielten wir uns ganz passabel. Ich erzählte ihnen von meiner Schwester und dem Cruz de Ferro, wo ich die vielen Steine abgelegt hatte. Sie kannten das Kreuz. Auch sie hatten Steine dort abgelegt und die unbeschreibliche Energie an diesem Ort gespürt. Wir gingen gemeinsam zurück in die Busstation und tranken gemeinsam noch einen Rotwein. Irgendwann kam der Wirt zu uns und sagte, dass der Bus nun da wäre. Unsere Rucksäcke und Stöcke verschwanden wieder im Laderaum des Busses. Schon etwas erschöpft von den ganzen Erlebnissen verschliefen wir die meiste Zeit auf der Rückfahrt nach Santiago. Einmal noch erhaschte ich einen Blick auf die schneebedeckten Berge im Süden. Wie in einem Film lief in mir ab, was ich alles erlebt hatte. Ein Film. Ja es wäre sicher toll über diese Wanderung einen Film zu drehen. Obwohl es nur so wenige Tage waren. Ich habe schon einmal ein Buch über ungewöhnliche Abschnitte in meinem Leben geschrieben. Das hat zehn Jahre gedauert. Doch davon gibt es nur ein einziges gedrucktes und gebundenes Exemplar. Es beinhaltet viele Dinge die relativ brisant sind und mir wohl riesige Probleme machen würden, wenn ich dies an die Öffentlichkeit gebe. Einige meiner Bekannten und Kollegen die es gelesen hatten sagten, dass es sehr spannend wäre und ich doch eine Hörbuchversion oder ein Drehbuch daraus machen solle. Es ist eben auch heutzutage nicht jedermanns Ding ein Buch zu lesen.

Ich erwachte als der Bus im Fernbusbahnhof von Santiago ankam. Hier wo meine Reise begann. Ich verabschiedete mich von den beiden Mädels aus Kalifornien mit enger Umarmung und vielen Küsschen. Sie hatten ein sehr gutes Hotel gebucht. Geld spielte bei ihnen keine Rolle. Ich wollte mein Glück in der großen Herberge versuchen in die mich der Feuerwehrmann am ersten Tag hingebracht hatte. In die Alberge Seminario Menor. Das alte Priesterseminar. Dorthin hatte ich noch einige Meter zu laufen. Auf dem Weg dahin erkannte ich nicht mehr viel von der Stadt. Es war ja auch schon spät. Als ich ankam waren alle Zimmer bereits belegt. Nur in dem großen Schlafsaal mit ca. 40 Betten gab es noch einen Platz. Ich nahm ihn gerne an. Da ich erst am übernächsten Tag meinen Rückflug hatte buchte ich direkt eine Übernachtung in einem eigenen Zimmer für die nächste Nacht. Diesen Luxus gönnte ich mir. Der Anteil an weiblichen Pilgern war sehr hoch. Ich fand es faszinierend aus welch verschiedenen Ländern die Leute kamen. Bei einigen Sprachen erkannte ich nicht einmal woher sie kamen. Wieder einmal ein babylonisches Sprachgewirr. Ich war beeindruckt und fühlte mich so richtig wohl.

In der Herberge gab es die Möglichkeit sich in einem kleinen Laden alles Notwendige zu kaufen. Dazu gehörte natürlich auch Wein und keine Snacks. So saß ich später bestimmt mit 50 Pilgern auf der großen Eingangstreppe des Seminario. Der Eingang war nach Westen ausgerichtet und so ließen wir uns die untergehende Sonne ins Gesicht scheinen. Viele von ihnen hatte die gesamte Strecke hinter sich. Die Erleichterung war bei allen ungeheuer groß. Es war sogar eine regelrechte Euphorie erkennbar. Ich hatte in den wenigen Tagen so viel erlebt. Was mussten diejenigen alles erlebt haben, die die ganze Strecke gelaufen sind? Rund 850 km.

Die Abendsonne tat gut. Die Silhouette der Stadt wirke fast schon orientalisch. Der Wein schmeckte wunderbar. Immer wieder stieß ich mit völlig fremden Leuten an und wir sagten einander ein „Buen Camino". In dem Moment waren wir uns so nah. Ich fühlte mich in dieser Gemeinschaft so unglaublich wohl. Ausländerfeindliche Gedanken hatte ich eh niemals. Doch hier fühlte man sich nicht mehr auf sein Vaterland beschränkt. Jeder war einfach Weltbürger. Das war so wunderbar. Mit intensiven Gedanken an meine Schwester schloss ich die Augen und genoss den Moment. Ich dachte auch an den Ingenieur, den ich am Anfang meiner Wanderschaft kennengelernt hatte und mir sagte, wie wichtig der unwiederbringliche Moment im Leben ist. Selbst in diesem Moment, wo ich diese Zeilen schreibe, bekomme ich eine wohlige Gänsehaut.

Plötzlich wurde ich auf Deutsch, mit russischem Akzent, gegrüßt. Ich öffnete die Augen und ganz verblüfft sah ich in das Gesicht des Ukrainers, der die Zettel und Gebete aus dem Altenheim in einem Lederbeutel mitgeführt und den ich unterwegs kennengelernt hatte. Er wunderte sich, dass ich nun fast zeitgleich mit ihm hier wäre. Er hätte nämlich ein ziemliches Tempo vorgelegt. Ich gestand ihm, dass ich die Strecke von Villafranca nach Santiago mit dem Bus zurückgelegt hätte.

Er hatte seine Aufgabe erfüllt. Er war heute schon in der Kathedrale und hatte alle seine Zettel verlesen. Für ihn war es ein besonders bewegender Moment gewesen. Hier beschloss er auch noch die gut 120 km bis nach Finistère, dem Ende der Welt, weiter zu laufen. Er wollte gerne das Meer sehen, bevor er wieder zurück in die Ukraine flog. Wir redeten noch viel über unsere Erlebnisse. Er hatte jedoch kaum andere Pilger kennengelernt und auch sehr viel der wunderbaren Landschaft und den Gebäuden versäumt. Ihm kam es eben nur auf das Tempo an. Jeder geht seine eigene Geschwindigkeit auf dem Camino und sollte das auch auf sein Leben übertragen.

Lange Zeit nach Sonnenuntergang verkroch ich mich wieder in meinen Schlafsack und schlief trotz der Unruhe im Schlafsaal zufrieden ein.

09.06.16

Nach einem sehr einfachen Frühstück machte ich mich auf die Stadt zu erkunden und vor allem die Kathedrale zu besuchen. Mein Gepäck konnte ich zum Glück in der Herberge lassen. Ich war sehr auf das Grab des heiligen Jakobus gespannt.

In der Stadt herrschte ein regelrechtes Gewusel. Sehr viele Pilger mit ihren Rucksäcken liefen in Richtung der Altstadt. Vielen sah man an, dass sie wirklich die gesamte Strecke gelaufen waren. Die Gesichter waren durch das Sonnenlicht regelrecht gegerbt und die Erschöpfung war ihnen anzusehen. Eine unglaubliche Leistung. In allen Gesichtern war aber auch trotz der Strapazen ein wunderbares Glücksgefühl und Stolz erkennbar.

Diese vielen Menschen in der Stadt, die Autos und Mopeds und der Krach empfand ich eher als unangenehm. An die Ruhe der letzten Tage hatte ich mich doch sehr gewöhnt.

Der Tag war schön und ich zog die warme morgendliche Sommerluft tief in mir ein. Nach wie vor war der Weg zur Kathedrale gut mit der Jakobsmuschel gekennzeichnet. Doch immer öfter goldfarben oder aus Messing hergestellt in den Boden eingelassen.

Mein Weg führte durch eine schmale Gasse. Da lag sie plötzlich vor mir. Die Kathedrale von Santiago de Compostela. Ich hatte sie nun endlich erreicht.

Auch wenn ich nur ein Teilstück des Weges gegangen war stieg doch ein unglaubliches Glücksgefühl in mir auf. Ich war wieder kurz davor zu weinen. Einige der Pilger weinten wirklich. Sie waren wie ich von dem Anblick überwältigt. Einige knieten und beteten. Wieder andere lagen sich vor Freude in den Armen. Es gab auch einige die zogen ihren Rucksack ab, legten sich lang auf den Boden, schlossen die Augen und genossen so den Moment der Ankunft.

Ich beschloss die gesamte Kathedrale erst einmal zu umlaufen bevor ich hineinging. Das sollte der letzte und absolute Höhepunkt meiner Wanderung sein. Von weitem hörte ich

Musik. In einem Tordurchgang auf einer Treppe war ein mittelalterlich gekleideter Sänger der mit einer alten Leier sehr schöne lateinische Lieder vortrug.

Ich kam dann auf den riesigen Vorplatz der Kathedrale. Ich war sehr überrascht. Nicht nur über die sehr große Anzahl von Pilgern, sondern auch über die vielen Feuerwehr- und Polizeiautos die auf diesem Platz standen. Es war kein Notfall, sondern ein Aktionstag für die Arbeit der Hilfsorgane. Das allerschönste war, es handelte sich um die gleiche Dienstgruppe, die ich an meinem ersten Tag in Santiago kennengelernt hatte und die mir so wunderbar unbürokratisch geholfen hatten. Sogleich erkannten sie auch mich. Obwohl wir uns nicht verstanden gab es sehr herzliche Umarmungen und Schulterklopfen. Mit dem Kommandanten konnte ich einige Worte wechseln. Zufall oder wieder ein kleines Wunder? Leider konnte ich keine Veröffentlichungsrechte mit den Feuerwehrleuten organisieren um die hier in meinem Buch zu zeigen. Aber es war eine ganz tolle Truppe. Ich war begeistert. Wir machten noch einige Fotos und dann machte ich mich auf die Suche nach einem schönen Stempel für meinen Pilgerpass, den Credencial del Peregrino. Ich ging also zu der Stelle, wo die Pilger ihren Pass  abgeben um die begehrte Compostela zu erhalten. Jedoch war dort eine über fünfzig Meter lange Schlange. Diese Zeit wollte ich nicht investieren. Also ging ich in eine nahegelegene

91

Polizeistation. Doch die Beamten dort wollten mir keinen Stempel geben. Ich konnte das verstehen. Das wäre ihnen wahrscheinlich zu viel geworden. In der Polizeistation von Ponferrada hatte ich einen Stempel bei der Polizei bekommen. Ich holte mir später einen in einer Taverne.

Nun kam der Moment. Mit sehr ehrfurchtsvollen Schritten beitrat ich die wunderschöne gotischen Kathedrale mit dem romanischen Südportal. Durch ständige Erweiterungen sind viele verschiedene Baustile erkennbar. So auch das barocke Westportal. Die Luft roch stark nach Weihrauch und Kerzenwachs. Ich mag diesen Geruch sehr. An einigen

Tragsäulen der Kathedrale waren an versteckten Stellen die geheimen Steinmetzzeichen erkennbar. Sie dokumentierten, wer diesen Stein behauen hat. Ich saugte alle Eindrücke wie ein trockener Schwamm in mir auf. In der Mitte dieser Kirche drehte ich mich mehrmals den Blick nach oben gerichtet im Kreis und verfiel regelrecht in Trance. Durch die hohen bleiverglasten Fenster fiel das farbige Licht strahlenförmig in die Kirche. Ich stellte mir vor, welche Wirkung dies auf die Pilger des Mittelalters gehabt haben muss. Sie kamen aus dunklen kleinen Lehmhütten, hatten einen jahrelangen Pilgerweg hinter sich. Schliefen in Wäldern oder verschmutzten

Tavernen. Hier empfing sie diese Pracht, dieser gigantisch hohe Raum und dieses Licht. Die Göttlichkeit war ihnen wahrscheinlich nie so nah.

Eine Besonderheit ist das 53 kg schwere Weihrauchgefäß was von acht Mönchen während des Gottesdienstes über ein Rollensystem in Schwingung versetzt wird. Die ursprüngliche Bezeichnung ist Thuribulum Magnum. Das Gefäß in Aktion sollte ich am Abend noch selbst erleben. Nachdem ich mir so ziemlich alles angesehen hatte und von der

Handwerkskunst der Dombaumeister und Steinmetze begeistert war, wollte ich mich dem Grabmal des heiligen Jakobus zuwenden. Dafür musste ich mich in eine zum Glück nur kurze Warteschlange einreihen. Man sagt, wenn man die goldene Statur des heiligen Jakobus umarmt und ihn dann um etwas bittet, dann kann diese Bitte in Erfüllung gehen. Das wollte ich auf jeden Fall machen. Ich wollte für die Genesung meiner Schwester bitten. Doch ich kannte die Befunde und die MRT Bilder meiner Schwester. Ich bin eher, wie schon gesagt, der wissenschaftliche Typ und habe mit Wunderheilungen so meine Zweifel. Doch ich wollte es versuchen. Durch einen sehr schmalen Gang erreichte man die Statur. Alles um sie herum war vergoldet und mit Edelsteinen besetzt. Ich umarmte die Statur des heiligen Jakobus. Dabei schloss ich die Augen und sprach ein Gebet für meine kleine kranke Schwester, meine Mutter, meinen Schwager und meine Neffen. Ich war mir nicht sicher ob es etwas hilft. Von der Seite drängten schon wieder Pilger herbei, die auch auf die Berührung warteten. An dieser Stelle war für mich schon deutlich spürbar, dass hier besondere Energien herrschten. Vielleicht auch von den Millionen von Pilgern, die hier ihre Träume und Wünsche äußerten. Ich wäre gerne noch eine Zeit an dieser Stelle geblieben. Ich weiß, dass klingt wieder sehr esoterisch. Aber so habe ich es erlebt.

Durch einen weiteren sehr schmalen Gang die Treppe hinunter gelangte ich die Gruft zu den Gebeinen des heiligen Jakobus. In einer wundervoll gearbeiteten goldenen Truhe lagen die Reliquien des Heiligen. Ehrlich gesagt empfand ich an dieser Stelle nichts Besonderes. Als ich wieder außerhalb der Gruft stand wunderte ich mich etwas und erinnerte mich an meine Reise die ich ein Jahr zuvor nach Rom unternommen hatte. Da war ich auf den Spuren von Dan Browns Roman „Illuminati" unterwegs. Da ich im Januar dort war, waren die wichtigsten kirchlichen Feiertage vorbei und ich hatte die Gelegenheit rund zwei Stunden in der Sixtinischen Kapelle zu verweilen um mir die Deckenfresken des Michelangelo anzusehen. Auch dort spürte ich überhaupt nichts und ich war schon etwas verzweifelt. Zum Glück dann überkam mich in der Engelsburg, dem Castello Santangelo, ein wahrer Strom von Gefühlen.

Ich verließ die Kathedrale und lief in Richtung Innenstadt. Hier gab es zahlreiche Souvenirläden und ich kaufte ein paar

 Andenken an meine Lieben zu Hause. Da mich ein leichtes Hungergefühl ereilte, das Frühstück war echt dürftig, ging ich in ein Café, dass frische Chocolate con Churros auf ihrer Tafel stehen hatte. Ein spanisches Fettgebäck. Das war so lecker. Ich

konnte bei der Zubereitung zusehen. Dazu nahm ich einen Milchkaffee. Danach schlenderte ich durch die zahlreichen verwinkelten Gassen. Hier kam kein Auto hin. Die Tavernen waren alle dicht mit Pilgern bevölkert. Überall gab es große Aquarien mit allerlei Meerestieren darin. Man konnte sich was aussuchen und dann frisch zubereiten lassen. Der Preis dafür war allerdings sehr hoch. Nicht selten kostete ein Menü zwischen 70 und 120 Euro. Doch für viele die diesen Weg geschafft hatten war das egal. Es war der krönende Abschluss ihrer langen Wanderung.

Am frühen Abend sollte dann der Gottesdienst sein, wo auch das große Weihrauchgefäß angezündet werden sollte. Ich hatte erfahren, dass man sehr rechtzeitig da sein muss, um noch einen Sitzplatz zu erhalten oder überhaupt noch in die Kathedrale zu kommen. So suchte ich mir schon über eine Stunde vorher einen Platz aus, von wo aus ich das Weihrauchfass gut sehen konnte. Da war die Kirche aber schon fast komplett mit Pilgern gefüllt. Ich lehnte mich auf meiner Bank zurück und schloss die Augen. Wie im Flug liefen die letzten Tage an mir vorbei.

Dann ging es los. Der Gottesdienst begann. Da er in Spanisch und Lateinisch geführt wurde verstand ich nichts. Doch es herrschte eine wunderbare heilige Stimmung. Mittlerweile war die Kirche prall mit Menschen gefüllt. Das Gefäß wurde von einem Priester entzündet. Ein anderer Priester versetzte es in Schwingung. Dabei merkte man wie schwer es war. Nun zogen acht weitere Priester auf leises Zurufen das Gefäß in die Höhe und es pendelte durch das ganze Kirchenschiff. Es schwang nun über mir und den anderen Pilgern. Dabei setzte es einen ganz intensiven Weihrauchgeruch frei. Dazu erklangen die herrliche Orgel und wunderbare Gesänge. Das war ein ganz tiefgehendes Erlebnis für mich.

Im Anschluss an den Gottesdienst schlenderte ich noch kreuz und quer durch Santiago, blieb noch in einer Taverne hängen, wo ich ein traditionelles Pilgermenü mit der obligatorischen Flasche Wein zu mir nahm und machte mich dann wieder auf den Weg zur Herberge.

10.06.16

Nun war er gekommen. Der Tag der Abreise. Ich packte alle meine Sachen in den Rucksack. Den letzten Abend hatte ich keine Kleidung mehr gewaschen. Das hatte ich sonst ja fast jeden Abend gemacht. Aber wenn alles klappen würde wäre ich ja heute Abend wieder zuhause in Deutschland. Ich holte mir in dem kleinen Laden in der Herberge noch einen Kaffee, ein süßes Brötchen und Wasser für die Heimreise. Ich lief zurück zum Busbahnhof. Auch jetzt am frühen Morgen kamen mir Pilger entgegen die gerade Santiago erreicht hatten. Es war so schön in ihre glücklichen Gesichter zu sehen. Ich wusste nun ja schon, was sie an der Kathedrale erwarten würde. Die Busfahrt zum Flughafen dauert einen Moment. Regelrecht sehnsüchtig sah ich aus dem Fenster und beobachtete die vielen Pilger, die sich der Stadt näherten.

Am Flughafen ging alles recht schnell. Glücklicherweise hatte ja die nette Dame an der Rezeption in der wunderschönen Herberge in El Acebo mir schon meine Bordkarte ausgedruckt.
Da ich bis zum Abflug noch etwas Zeit hatte nahm ich meinen Pilgerpass, den Credencial del Peregrino, heraus und betrachtete mir mit ein wenig Stolz die vielen schönen Stempel. Das würde eine herrliche Erinnerung an meine Pilgerreise sein.

Der Rückflug verlief genauso gut und unspektakulär wie der Hinflug.

Auf dem Weg zum Parkplatz am Flughafen Hahn holte mich nochmal der Camino ein. Ein Scherzbold hatte ein gemaltes Schild mit einem gelben Pfeil in Richtung der Parkplätze aufgehängt. Dieser gelbe Pfeil und die Jakobsmuschel hatten mir die letzten Tage immer sicher den Weg gewiesen.

Epilog

Meine Schwester starb am 13. Februar 2020 im Alter von nur 53 Jahren.

Sie hatte nach der schlimmen Diagnose nur noch wenige Jahre mit ihren Lieben. Was dazu führte, dass sie diese Zeit noch bekam, kann ich nicht sagen. Vielleicht war es die Liebe der Mutter, ihres Mannes und der Kinder. Vielleicht waren es die hochwirksamen Medikamente die sie während ihrer Chemotherapie und den Bestrahlungen bekam. Vielleicht war es ihr unumstößlicher Glaube an Gott. Möglicherweise war es die Kraft der Steine die ich am Cruz de Ferro für sie abgelegt hatte. Ich glaube fest daran, dass alles zusammen dazu führte, dass wir in unserer Familie die liebe Tochter, Frau, Mutter und Schwester noch für eine gemeinsame Zeit bei uns hatten.

Im Mai 2019 habe ich die gleiche Pilgerreise noch einmal unternommen und am Cruz de Ferro Steine aus der Heimat abgelegt. Auch hier hatte ich viele spannende Erlebnisse. Leider konnte das den Gesundheitszustand meiner Schwester nicht mehr verbessern.

Ich habe mir aber fest vorgenommen noch einmal ein Teilstück des Camino zu laufen. Vielleicht klappt es ja auch irgendwann einmal ihn in seiner ganzen Länge zu gehen. Aber man sagt auch: Dein Jakobsweg beginnt zu dem Zeitpunkt, wenn du über die Schwelle deines Hauses trittst.

Zum Autor:

Der Autor wurde am 02.06.1965 in Herborn geboren. Er hat zwei Kinder und zwei Enkelkinder. Nach der Ausbildung zum Biologielaboranten und Chemotechniker arbeitete er viele Jahre in Laboratorien der Human- und Veterinärmedizin in Dillenburg und Gießen. Seit rund 20 Jahren ist er als Lebensmittelkontrolleur in Herborn beim Lahn-Dill-Kreis in Hessen beschäftigt. Es ist sein erstes Buchprojekt.

Seit seinem 12. Lebensjahr ist er Mitglied der freiwilligen Feuerwehr.

Seine große Leidenschaft ist das Reisen, um andere Kulturen kennenzulernen und zu verstehen. Sein großes Vorbild dabei ist Alexander von Humboldt. Sein großes Ziel ist es, den Gedanken der Humanität zu vertiefen und an andere Menschen weiterzugeben.